主编简介

谢列卫　男，1964年8月生，工学博士，教授。曾任杭州科技职业技术学院院长（2013.1–2017.11），现任杭州科技职业技术学院党委书记，兼任中国高等教育学会职教分会常务理事、全国机械行指委委员、浙江省高职高专自动化教指委主任委员、杭州市决策咨询委员会委员、杭州市欧美同学会（留学生联谊会）副会长。主要致力于制造系统建模及自动化和现代高等职业教育理论研究，曾主持并完成国家自然科学基金、省自然科学基金、省哲学社会科学重点研究基地等6项课题研究，发表相关学术论文50余篇。近年来曾获得第五届全国教育改革创新优秀校长奖、2016年全国"学生喜爱的大学校长"、首届浙江省黄炎培职业教育杰出校长奖、杭州市第三届黄炎培职业教育杰出校长奖等奖项。

浙江省哲学社会科学研究基地"现代职业教育研究中心"
2015年度课题"传承陶行知职业教育思想的高职人才
培养典型案例研究"研究成果
课题批准号：2015ZJJDZS03

高校校园文化建设成果文库

德业兼修 知行合一

——传承陶行知教育思想的高职人才培养典型案例

谢列卫◎主编

光明日报出版社

图书在版编目（CIP）数据

德业兼修 知行合一：传承陶行知教育思想的高职人才培养
典型案例／谢列卫主编．－－北京：光明日报出版社，2018.4
ISBN 978－7－5194－4165－4

Ⅰ.①德… Ⅱ.①谢… Ⅲ.①高等职业教育—人才培养—案例
Ⅳ.①G718.5

中国版本图书馆 CIP 数据核字（2018）第 081712 号

德业兼修 知行合一——传承陶行知教育思想的高职人才培养典型案例

DEYE JIANXIU ZHIXING HEYI——CHUANCHENG TAOXINGZHI
JIAOYU SIXIANG DE GAOZHI RENCAI PEIYANG DIANXING ANLI

主　　编：谢列卫

责任编辑：曹美娜 朱 然　　　　责任校对：赵鸣鸣
封面设计：中联学林　　　　　　责任印制：曹 净

出版发行：光明日报出版社

地　　址：北京市西城区永安路 106 号，100050

电　　话：010－67078251（咨询），63131930（邮购）

传　　真：010－67078227，67078255

网　　址：http：//book.gmw.cn

E－mail：caomeina@gmw.cn

法律顾问：北京德恒律师事务所龚柳方律师

印　　刷：三河市华东印刷有限公司

装　　订：三河市华东印刷有限公司

本书如有破损、缺页、装订错误，请与本社联系调换

开　　本：170mm×240mm

字　　数：174 千字　　　　　　印　　张：13.5

版　　次：2018 年 6 月第 1 版　　印　　次：2018 年 6 月第 1 次印刷

书　　号：ISBN 978－7－5194－4165－4

定　　价：68.00 元

主　编　谢列卫

副主编　罗明誉　任红民　吴建设　戴　雯

主要撰稿人员（排名不分先后）

周俊炯　夏　村　李常钰　丁水娟　周　晴

郑　龙　高　勇　谢建军　钱世凤　孟庆东

汪飞潮　刘育峰　秦　星　蒋龙成　王春燕

熊宗武　周婧旻　申屠立平　朱永文

刘红红　孙伟清　徐莉君　洪新军　聂玉玲

汪洁华　陆亚文　方卫华　余云建　杨悦梅

穆元彬　雷彩虹

序　言

　　最近,由杭州科技职业技术学院谢列卫校长主编的《传承陶行知教育思想的高职人才培养典型案例》一书终于问世了,这是陶研界将陶行知教育理论与职业教育研究融合转化为实践的一大成果,也是我国高职院校中系统反映陶行知教育思想应用实践的首部案例书。它的出版,必将对深化陶行知研究、促进高职院校的改革发展创新起到积极作用。

　　2011年陶行知诞辰120周年之际,我与中国陶行知研究会会长、北京师范大学教授朱小蔓女士等人应邀赴杭科院参观了该校设立的杭州陶行知研究馆,听取了学校传承陶行知教育思想,打造行知文化特色的介绍,由此与杭科院结下了不解之缘。2015年谢校长一行7人又亲自来到武汉,与我商讨如何传承陶行知文化,希望得到更多的指导,帮助学校更好地将陶行知文化传承工作与学校育人工作结合起来,打造有浓厚行知文化特色的校园文化。2016年我借到浙江大学出席全国教育史年会之机,又与谢校长有了再次接触,深入探讨了高职院校陶研的内涵。2017年杭州市哲学社会科学重点研究基地“高等职业教育(陶行知教育思想)研究中心”落户杭科院,我被聘为基地学术委员会主任。这次,应谢校长之邀为该书撰写序言,我感到荣幸和有缘。

　　陶行知先生在1928年亲自指导创办的浙江省湘湖师范学校是杭科院的重要办学渊源。80年前,陶行知派其南京高师教育科得意弟子金海观出任校长,并曾多次到湘湖师范指导教学。在漫长的学校发展史上,湘湖师范始终坚持以陶行知的"生活教育"为办学指导思想,经历了抗战南迁办学等历史磨难,成为浙江省乡村教育的典范,培养了一批具有"健康的体魄、农夫的身手、科学的头脑、艺术的兴趣、改造社会的精神"的乡村教师,这种综合性、复合型人才培养的理念在当时国情下实为一大创举。如今,杭科院将陶文化传承工作与育人工作结合起来,把历史、现实、未来三方面因素结合起来,形成行知文化的办学特色,不仅"想法好",而且"有条件"。杭科院从陶行知先生倡导的"生活力、自动力、创造力"出发,结合"学习力"和"思想力",作为培养高职人才的目标,为构建全新的人才培养体系提供了重要思路。

　　阅览全书,我们能够深切地感受到陶行知教育思想的博大精深,感受到陶行知教育思想在职业教育领域的贡献,及其契合高职教育发展的引领作用。书中所收录案例见证了杭科院在高职教育方面的大胆探索,体现了其对职业教育的深刻洞察和全面透视,抽绎出陶行知思想与职业教育发展、互动、交集、共生的内涵特征。一所好的高职院校要有优美的校园环境,突出的办学硬件,高质量的教学水平,更需要传承一种优秀的文化。《案例》一书,真实反映了陶行知优秀文化被一所高职院校学习、师从、研究、运用的现实努力。

　　概括而言,该书具有三个明显的特点:一是系统性。每一章以陶行知原语作为标题,系统地记录运用陶行知教育理论进行人才培养的改革探索。"爱满天下""生活即教育""社会即学校""教学做合一""创造教育"与"生利主义之职业教育"都是陶行知教育思想的精髓,也是教育的重要理论,系统地反映了教育、人才培养的方方面面,也是当前高等职业教育所大力倡导的。二是典型性。从"爱满天下"到"校长请我喝杯茶";从"醒民剧团"到"晨晖剧社";从"乡村教育"到"爱在乡村";从"小先生"到"学生社团";从"创造教育"到"行知创业学院";从"生活教育"到"勤工助学";从"湘湖师范"到"重走湘师路";从"生利主义"到"职业教育课程、专业、基地建设"等一系列案例都有高职育人的典型意义。三是实践性。案例全部来源于杭科院多年的办学实践,是在实践中应用陶行知思想,总结、提炼、升华的结晶。每个案例在陶行知经典名言的引导下,由故事导入、背景与理念、工作做法与特色、工作成效等部分组成,引人入胜,可供学习、借鉴、复制与推广。

我一贯认为,办教育不仅要有理想、有追求,还要有情怀、有大爱。从这本书里可以看出,杭科院的校领导和教职员工都是这样的一批人。祝愿杭科院在今后的发展中,继续传承陶行知教育思想,并不断发展与创造,做出高职院校陶研的特色品牌,成为我国高职院校创新发展的排头兵。

作者现为华中师范大学教育学院教授、博士生导师、
　长江教育研究院院长、陶行知国际研究中心主任
中国教育学会副会长、中国陶行知研究会常务副会长

2017 年 9 月 28 日

前　言

　　陶行知是中国近代史上一位伟大的教育思想家,被联合国教科文组织誉为"世界四大文化教育名人"之一。陶行知教育思想博大精深,他提出的"爱满天下""生活即教育""社会即学校""教学做合一""创造教育""生利主义之职业教育"等教育思想与理论阐述,他提倡的教育观、人才观、学校观、教师观等对当今高等职业教育都有着重大影响和现实意义,对高职院校人才培养有着极强的指导作用。

　　杭州科技职业技术学院是杭州市人民政府主办的一所普通高等职业院校,1999 年 12 月开始筹建,2009 年 2 月经浙江省人民政府批准、国家教育部备案正式建院。陶行知于 1928 年亲自指导创办的浙江省湘湖师范学校是杭科院可追溯的重要办学渊源。学校在建设新校区时斥资 2000 多万元建设了杭州陶行知研究馆,成为继上海、南京、安徽、重庆陶行知纪念馆后的全国五大陶馆之一,也是全国第一座规模较大的以学习陶行知为主题的集展示和学术研究为一体的研究馆,是杭州市哲学社会科学研究基地"高等职业教育(陶行知教育思想)研究中心"和杭州市陶研会秘书处所在地。传承和实践陶行知教育思想,是杭科院独特的办学优势和义不容辞的责任。

　　2015 年 10 月,本人率领学校党委宣传部和高职研究所相关同志拜访了中国陶行知研究会常务副会长、国内知名陶研专家、华中师范大学周洪宇教授,周教授在详细了解了我校学陶师陶相关工作后,鼓励我校把陶行知先生倡导的"生活力、自动力、创造力"融入高职人才培养方案中，形成行知文化的办学特色。回校后，几经策划研究，学校决定由党委宣传部和高职研究所牵头，组织编写学校传承陶行知教育思想的高职人才培养典型案例，并将案例分为"爱满天下""生活即教育""社会即学校""教学做合一""创造教育"和"生利主义之职业教育"等六个章节，每个案例的撰写从一个育人的小故事切入，谈理念、背景和做法，并对成效、特色和影响作一小结，试图通过这样的体例、案例来呈现学校行知文化育人的实践成果，并借此进一步在校园里营造陶行知先生倡导的"真教育"办学氛围。我们初步打算每两年在校内征集一批优秀的学陶师陶典型案例，将之汇编成册出版，以此来持续地推动陶行知教育思想在高职人才培养中的办学实践，凝练学校独特的办学优势。

办学精神是学校之魂，一所好学校既要传承优秀的中华民族办学思想，又要创新发展先进的办学理念。我们把陶行知"爱满天下"作为学校的精神，打造了"校长请我喝杯茶"这样一个学校领导与学生平等交流、心心相印的活动，凝聚和传递爱的关怀；我们创建学校幸福之家，为教职工打造温馨家园；我们建设美丽校园，为师生提供"有爱"的后勤服务；我们秉持"爱在乡村"的师爱文化，培养热爱乡村的幼儿教师，把"大爱精神"贯穿到人才培养的整个过程。

"学校生活是社会生活的起点。远处着眼，近处着手，改造社会环境要从改造学校环境做起。"我们在陶行知"生活即教育"的理念指引下，延续湘湖师范醒民剧团传统，创办了晨晖剧社，丰富校园文化生活，做"戏剧醒民"的当代传承者；组织开展阳光长跑活动，在学校生活中养成学生健康体魄；每年举办校园工学岗位招聘会，为学生提供百余个校内工作岗位，鼓励学生"滴自己的汗，吃自己的饭"；举办一年一度的"香草音乐节"，师生同台竞技，用音乐点燃青春、点燃梦想。杭科院的校园，无时不生活，无时不教育。

高职教育没有围墙。举世瞩目的 G20 杭州峰会期间，200 余名学生走进G20主会场,用高质量的专业服务高起点开启职业生涯;"重走湘师路"让学生体验教育先辈的办学艰辛,让"平民教育"的社会责任薪火相续;科技文艺送下乡,在社会服务中长才、长德;校企合作共建汽车工程技术应用中心,企业是另一个广阔课堂。陶行知"社会即学校"思想,呼唤高职人才培养打破藩篱,创新方法。

"共同教学做,轮流教学做,自觉教学做";"教学做是一件事,不是三件事";"我们要在做上教,在做上学"。在陶行知先生"教学做合一"思想指引下,学校成立了"小先生"社团,成立了悠游校园讲解队,创新建立了"塔形循环导师教学法"。当教学做变成了一件事,当行和知成为滚动循环,课堂、教材、教学方法都悄悄地发生了变化。

"处处是创造之地,天天是创造之时,人人是创造之人"。陶行知创造教育思想启迪着"大众创业、万众创新"背景下高职创新创业人才培养。行知创业学院构建起"全覆盖、分层次、保重点"的创新创业教育体系;学校创业园引进创业孵化企业40家,成为杭州市大学生创业基地,"创客"们的"梦工场";校园文创喊出了"创意、创艺、创益"口号,有趣的创意加上艺术的匠心,催生出了经济价值和社会价值;一年一度的职业生涯规划和创业大赛,培养出一批又一批的创业明星。"行知文化引领的高职创新创业教育实施路径与方法"获得2016年浙江省高等教育教学成果二等奖,同年12月学校成功入选全国"2016高职院校创新创业示范校"50强,陶行知"手脑双挥"的创造教育,再一次被证实是培养学生"独出心裁"、充满活力的教育。

"职业教育应以生利为主义",或生有利之物,或生有利之事。"凡养成生利人物之教育,皆得谓之职业教育。"许许多多的学生在每年的学生技能大赛上脱颖而出,在国家、省级技能大赛上屡获殊荣;技能名师工作室、现代学徒制、大类招生、产业培养,陶行知联合"伟大势力"改造社会的教育观是高职教育多么可贵的思想武库。

《德业兼修 知行合一——传承陶行知教育思想的高职人才培养典

型案例》一书今天终于与大家见面了,23 个案例是杭科院办学多年的实践经验,而今后还将会有更多、更优秀的案例不断涌现。学校将不懈传承陶行知文化,积极践行陶行知先生"爱满天下"的教育精神和"教学做合一"的教育理念,以行知思想引领育人模式改革和管理服务创新,不断提升办学质量和社会服务水平,为区域经济社会发展提供人才和智力支撑。

　　谨以此书纪念陶行知先生指导创办浙江省湘湖师范学校 90 周年。敬请高职教育和陶行知研究专家、学者和同行及社会各界提出宝贵意见。

杭州科技职业技术学院校长、教授、博士

谢列卫

2017 年 9 月

目　录
CONTENTS

第1章 爱满天下

"爱满天下"是陶行知倡导的教育精神。在传承陶行知思想的实践中,学校创办了每月一次的"校长请我喝杯茶"活动,活动主题涉及学校发展和学生成长的方方面面,通过喝茶加深了与学生心连心的沟通,增强了学校与学生的情感。学校以民主管理为抓手,以促进青年教师成长为己任,以维权帮扶为重点,以文化体育活动为载体,共建幸福温馨和谐的"大家庭"。学校深入开展"美丽校园"建设,创造良好的育人环境,为师生提供"舒心、贴心、爱心"的服务,以大爱铸品牌。学校秉承陶行知乡村教育思想,以"行知"文化为引领,"教人求真,学做真人",开展了"爱在乡村"文化主题活动,培养了一大批"乐意去、留得住、干得好"的新时代乡村幼儿教师。

校长请我喝杯茶

"真教育是心心相印的活动，唯独从心里发出来，才能打动心灵的深处。"——陶行知

图 1-1　校长在喝茶活动中与学生交流

郭继诚，杭州科技职业技术学院城市建设学院房产 1502 班学生，回忆起在校生活时说："真的很美好，感觉我和这个学校是一起在成长的，每天都有幸福感。"

他从温州这样一座吃鱼吃虾吃海鲜的城市，来到杭州求学。2015 年 10 月 22 日，也就是他入学两个月后，他作为 12 个新生代表之一，参加了"校长请我喝杯茶"活动，成为谢列卫校长的座上宾。那天的活动是新生专场，主题是"认识校园，认识专业，适应大学生活"。就是那次活动，让他开始有了大学生活的幸福感。

能和校长推心置腹地喝茶聊天，促膝长谈，是许多人想不到的事情。"我觉得，我真的很幸运。"郭继诚说，"当时作为一个大一新生，离开家有很多不习惯的地方。首先是离开父母远距离求学有陌生感，其次是大学

2

生活和中学生活真的不一样,需要调整自己,有一个阶段挺难度过的。能和校长们面对面聊天,感觉我的大学从一开始就被点亮了。"

然而,这个活动不仅仅是心灵鸡汤一样让心灵温暖一下那么简单,故事才刚刚开始。

"温州的海鲜很好吃!"除了谈自己的大学学业规划,小郭在喝茶活动中聊到家乡美食,他说了自己另外一个想法:"在家里肯定吃得好!大部分同学都来自浙江省内或周边城市,家庭条件都不会很糟糕,来学校后,肯定也期待学校能像家一样有滋有味。"刚进大学两个月的他向校长们提出建议,希望食堂的菜更好吃、价格更便宜。

民以食为天,大学餐厅一直是体现高校优质化程度的一个窗口。谢列卫校长现场就给学生们吃了颗定心丸。小郭回忆说:"校长当场就答应我们会把美食广场的改造作为学校2016年的重点工作。"

校区餐厅原来的运营模式采取快餐食堂的概念,管饱管够管卫生,却就餐率低,口碑一般。同时,由于便捷性、口味选择等原因,黑外卖进校园也很猖獗,带来了不小的餐饮安全风险。

当天的喝茶活动结束后,措施跟进。学生提出的关于食堂的意见被正式地提交到了管理部门负责人的办公桌上,引起了大家的充分重视。2016年3月14日,经过几个月的酝酿,学校召开校园有机更新(一期)、食堂一楼美食广场方案审定会。相关部门非常给力地拿出了方案。出席审定会的谢列卫校长对方案做了最终点评,他建议校园有机更新要把日常维修与校园文化建设有机地结合起来,还要将文化元素植入到有机更新中去。而美食广场的改造要立足校情,力争为学生提供更加优质的服务。同年4月15日,学校召开2016年重点建设项目推进会,主要讨论校园有机更新、食堂一楼美食广场两个项目的进展情况,要求相关职能部门保证经费、掌握好时间节点,确保9月开学能投入使用。

当年暑假,学校投入300多万元将食堂改建升级成"美食广场",改建后学生就餐率达到了82%左右,满意度提高到90%以上,外卖现象基本绝迹。

"完全没有想到，在喝杯茶活动中说的一些话，会起到作用。"小郭说，"半年不到的时间，学校餐厅完全大变样。里面有许多特色的窗口，品种丰富而且吃得很放心。我们广播台的小伙伴都喜欢吃一楼窗口的鸡丝凉面，味道挺好的！"

"我很难说民主会给一所学校带来什么，或许只是舒心的饭菜。"谢列卫校长说，"但这一蔬一饭，都应该让学生感受到什么是大学，什么是文明。"

喝茶活动上还有学生代表提出过校园灯光暗、活动场地不够多等问题，学校又陆续改建了灯光球场、学生广场。小郭说："很多现实中的问题就这样得到了妥善解决。这就是我感觉我和这个学校是一起在成长的原因。"

一、背景与理念

从心出发，以一杯香茗打动学生心灵深处。"校长请我喝杯茶"是杭州科技职业技术学院打造的一项大学生思政工作品牌活动。活动秉承陶行知先生"爱满天下"的教育思想，传承"真正的教育是心心相印的活动，唯独从心里发出来，才能打动心灵的深处"[1]的教育理念，从校领导做起，放下管理者的架子，与学生面对面交流，以大爱的情怀关爱学生成长的方方面面。"育人的本质是一种唤醒，育人的过程是平等交流的过程"，在这样的理念指引下，"喝杯茶"活动确立起了"三个一"的目标定位：

1. 搭建一个立德树人的思政教育平台

在活动中开展思政教育，帮助大学生树立正确的世界观、人生观、价值观，根据高职人才培养需要，帮助学生规划好职业生涯。将"校长请我喝杯茶"活动打造成学生、校领导、教职员工、社会知名人士、企业代表、

---

[1]　《陶行知全集》(第2卷)，四川教育出版社2005年版，第363页。

校友代表等共同参与的思想交流平台,培养学生的人际交往能力、表达能力、思辨能力,并且以嘉宾们言传身教的榜样力量拓展学生的视野。

2. 打造一个深耕行知文化的文化平台

在活动中渗透校史校情教育,通过师生交流,让学生对"行是知之始,知是行之成"①、"千教万教教人求真,千学万学学做真人"②、"生活即教育,社会即学校"③等陶行知教育理念有进一步认识,将师生的思想认识、将个人的发展与学校的发展,都团结凝聚到行知文化这面旗帜下,形成"杭科人"的共同价值认知,成为行知文化的主动践行者。

3. 培育一片践行民主办学的校园沃土

在活动中积极倡导民主办学风尚,鼓励学生关注学校重大事项决策,做学校的"主人翁"。既培养学生的民主意识,让学生敢想敢说,又引导他们学会抓住问题关键,统筹把握全局。在集思广益的基础上,激发思想火花和改革思路,并真正地用以改进学校教学、管理、服务等各方面工作,形成良性循环,推动学校内涵建设向纵深发展。

二、主要做法与特色

1. 多次升级,喝茶喝出真行动

从 2011 年 4 月到现在,"校长请我喝杯茶"活动经历了三个不同的发展阶段,对活动的流程安排进行了数次优化,制定了《"校长请我喝杯茶"活动规程》,形成了"多方协同,务求实效"的工作特色。

一是不断拓展参与面,每期活动除了校长、分管学生工作的副校长、学生处处长、团委书记和受邀学生外,增加了活动嘉宾,邀请与话题相关的其余校领导、职能部门负责人、企业代表、校友代表、社会人士共同参加,确保交流活动有开阔的视野。到目前为止,全体校领导都参加过"喝

---

① 《陶行知全集》(第 2 卷),四川教育出版社 2005 年版,第 4 页。
② 《陶行知全集》(第 4 卷),四川教育出版社 2005 年版,第 528 页。
③ 《陶行知全集》(第 3 卷),四川教育出版社 2005 年版,第 206 页。

杯茶"活动,中国教育学会名誉会长、北京师范大学资深教授顾明远,杭州国际博览中心等校企合作单位的负责人,诸多行业的翘楚、优秀毕业生校友都曾先后受邀来参加活动。一位参加过活动的学生说:"跟校长喝茶,跟师长们聊天,像是跨进了成年人的世界,一个更理性更聪敏的世界,让我也想成为那样从容、自如的人。"

图1-2　喝茶活动现场

二是不断完善保障机制,让"喝杯茶"不是简单地"喝杯茶",而是有后续措施的"真见效"。每期喝茶活动收集到的问题,都由学生自律委员会负责整理,并在活动后制作、发放问卷,开展进一步的调查,形成调查报告后反馈给校团委。校团委、学工部据此做好问题分类,以《学生意见处理单》的形式经分管校领导签字后交办给相应的管理部门,要求限期给出书面回应,提出整改措施、整改时间。多年的喝杯茶活动中,经常出现现场聊天聊成现场办公的例子,在校领导、职能部门、二级学院、学生的共同商讨下,"直面问题,直接沟通,直截整改",培养起民主、务实的好风气。

2. 多元话题,喝茶喝出真教育

"校长请我喝杯茶"活动最初"喝"得略尴尬,学生们有压力、放不开,就容易冷场。活动能否成功,关键在于话题的选择和设计能不能让学生感兴趣,想要说、有话说,为此,学校也做了很多努力。

一是做好话题征集,不定期地由学生会负责通过团委微信公众号面向全体学生征集议题,"关注学生所关注的一切",及时掌握在校大学生思想动态。

二是做好整体设计,由校团委负责,根据征集到的议题,结合学校的工作时点,围绕着学校不同发展阶段的重点工作和社会时事热点,制定出一整年的系统活动策划方案。不仅回应学生诉求,也引导学生"关注学校所关注的一切",将学生的视角从日常的课堂、寝室生活,拓展到学校与个人发展、公共事务管理与社会发展。教学质量提升、美丽校园建设、第二课堂管理、学校"十三五"规划等看似宏大的话题,都在活动中以身边事的角度为切入口交给学生们讨论。

截至2017年6月,在"喝杯茶"活动中,课堂教学、人文关怀两类话题的活动分别开展过6次,各占比20.7%;成长规划类话题的活动开展5次,占比17.2%;民主管理、第二课堂、其他类话题的活动分别开展4次,各占比13.8%。其中,《桃李时节话桃李——课堂点赞会》《寝室那点事》《第一眼中的杭科院》《我眼中的"优质校"》《做冬日暖阳下的动感达人》等选题,因为选点准确、师生共鸣强,取得了非常好的活动反响。

3. 多维传播,喝茶喝出真影响

"校长请我喝杯茶"活动在品牌化的进程中,逐步丰富了传播途径,将活动的受益者从最初直接参与活动的十余名学生,扩展到全校甚至是校外师生。

一是拓展校内宣传渠道,从最初的校园网、校报事后新闻报道,到增加了官方微信、微博的话题征集、话题预热,再到追加线上热议,不断提高喝杯茶活动的间接参与人数,放大喝杯茶活动的关注效应。在杭科院校园,喝茶活动的定制纪念物,一只刻着"爱满天下"四个大字的茶杯,已经成了师生争相收藏的行知文化实物符号。

二是拓展校外宣传渠道,通过社会人士参与和活动经验交流,让活动的影响力辐射到校外。邀请优秀校友、行业企业、政府部门代表的共同参与,既丰富了活动的对话维度,也让学校的行知文化育人特色渗透进校企合作、校政合作工作,助力学校发展。同时"喝杯茶"活动也通过校外大学生思政教育工作交流、经验刊载、外媒采访,得到了教育界的关注。

三、工作成效

截至 2017 年 6 月,有 308 名同学成为喝茶活动的座上宾,间接参与学生数超过 3100 名。

活动先后被《中国青年报》《浙江教育报》《杭州日报》等专题报道,获得了专家、同行、学生等各方面的好评。2014 年 5 月,在杭州市第十二次学生代表大会闭幕式暨"关爱未来"牵手行动启动仪式上,"喝杯茶"活动得到首次推介。2016 年,中国高等教育学会、中国青年报社联合中华全国学生联合会共同主办的 2016 年"学生喜爱的大学校长"活动论坛上,"喝杯茶"活动经验介绍引起了与会校长们的强烈反响。

(撰稿:周俊炯、夏村、李常钰)

"大家"爱大家

> "大学之道：在明民德，在亲民，在止于人民之幸福。"
>
> ——陶行知

清晨的曙光来临之时，正是行色匆匆的上班族开启忙碌一天的时刻，李老师已经坐上了校车。来到校园时，楼宇、操场、图书馆正在阳光的沐浴下，透射着暖人的味道，她不由得放慢了一些脚步，朝那些迎面走来的青春靓影，露出会心的微笑。

李老师已经在这里工作了两年，作为一名"90后"的女教师，她并没有感到自己和大学生们有太大差别。她与他们共同在这个校园里，度过一年中的大部分时光，工作、学习与生活，早就深深融为一体。

同事的生日和先进集体

李老师走进自己的办公室，刚进门就闻到一股甜香，不由得食指大动，忍不住就喊出来："刚在食堂吃过早饭，这回又是谁要打破我的减肥计划？"

同事文老师笑嘻嘻地走过来，手上端着一份蛋糕："这是今天工会给我的生日蛋糕，尝一块吧！"

李老师接过来，用手指挑了一块放进嘴里尝了尝："唔，不错呀，下个月我过生日，到时得提醒我先别吃早饭了。"

文老师心情大好，一边将工会送的生日鲜花插进花瓶，一边开始擦拭办公室的橱窗，嘴里哼着不知名的小曲。李老师走了过去："还擦啊，每天都擦，一点儿都不脏，你这是洁癖。"

什么洁癖，文老师朝她挤挤眼："看见没，'三育人'先进集体荣誉证书，这叫撸起袖子加油干，革命人永远是年轻。"

哈哈,你可真逗,一点儿也不押韵。李老师也笑了,顺手也帮着她一起收拾起来。课前的短暂一刻,大家的心情都愉悦了起来。

单身交友会和蒙面歌王

上午的课程结束后,李老师回到办公室休息,开始整理照片。这些照片正是上周末她和同事们一起参加工会杏梅尖爬山活动时拍摄的,李老师一张张浏览着图片,挑选自己喜欢的放到文件夹里收藏起来了。

"唉,可惜啊可惜,某人就是找不到那个人的照片啊。"忽然有人叹着气在一旁说道。李老师吓了一跳,转过身一看,却是文老师下课后不知何时悄悄来到她的身边,顿时红了脸:"你说什么呢"。

文老师笑呵呵地说:"难道不是在看那次单身交友会的照片吗?呵呵,我可是听说当时有个青年女教师的眼光总是盯着一个年轻体育老师看,好像最后拍合影时还故意站到他旁边……"

乱讲!李老师仿佛突然间被人窥破心意,连忙掩饰:"这是我们上周末登山协会的照片啊,你看看,这是乒乓球协会,我是在看工会协会活动图片,哪有你说得这么乱七八糟。"

文老师拖长口气说:"欲盖弥彰啊欲盖弥彰,单身交友会也是工会组织的活动嘛,有什么不好意思承认的。哎?你知道么,你这眼光还不错啊,还记得去年年底的跨年晚会蒙面歌手吗,这个体育老师可是特别出彩啊。"

李老师顿时想起了去年年底那个别样的晚会,那个一展歌喉的帅气身影,是不是就是在那一刻,让她特别关注到了他呢?

那是一个大家参加了一年又一年,惦记了一年又一年的活动,就是由校工会举办的"在一起"教工元旦文艺会演。取名"在一起",是因为大家都是工会这个大家庭的成员,要永远在一起快乐工作,快乐同行。更有趣的是,学校把学生元旦晚会起名"向前冲",两台晚会合一起,就折射出了全体杭科院人团结、奋进的精气神。

　　李老师当时就坐在观众席上,和其他观众一起挥舞着荧光棒。周围的人各个都在兴奋地感叹:刚才那位唱得真不错,现在这个也不赖,伴舞的吴老师更是厉害,到底是专业的……更多的人则忙着猜台上的"蒙面歌手":"你说那个'跳跳虎'是谁? 谁是'喝拿铁的瓶子'?"身旁的文老师还一边猜一边拿着手机拍照发微信朋友圈、登录官微给选手投票、争着喊着抽大奖……

　　李老师则安静地在一旁聆听着选手们的表演,台上的蒙面歌手们时而活力四射,时而深情款款,当那个带着银色面具、身穿黑色西装的男歌手上台时,顿时场下一片安静。

　　李老师至今记得他缓缓唱出的第一句:是谁在敲打我窗,是谁在撩动琴弦,那一段被遗忘的时光,渐渐地回升出我心坎。

　　这可不是会被遗忘的时光,它会永远留在心底。

课余的休闲时光

　　被李老师拉着去学校创业园咖啡餐厅的路上,文老师一直在念叨:"吃个饭嘛,学校的教工餐厅很不错了,自助餐花色品种多,价格还便宜,中午大好时光,应该早点吃完回教工之家看看杂志,休息一下……"

　　"换换花样嘛",李老师撇撇嘴,"咖啡餐厅是学生的创业项目,当然要支持了,再说,那里的环境优雅、舒适,各种咖啡、茶、甜点、西餐,别絮叨了,我给你点一份特色黑椒牛柳炒意面,就当给你庆祝生日啦。"

　　说话间,二人已经来到了咖啡餐厅,李老师掏出校园卡,刷卡付账后就拉着文老师找了一个清幽之处坐下来。

　　餐厅里生意不错,既有老师,也有三两成群的学生。等餐的间隙,李老师喝了一口咖啡,转头却发现文老师正在手机上点点刷刷忙个不停,不由得问道:"你在看啥呢,这么好的环境,不懂得欣赏,还只顾着玩手机?"

　　文老师头也不抬:"买菜呢! 你以为你啊,这么轻松。"

　　李老师有些诧异:"买什么菜? 咖啡厅里还能买菜?"

　　哎呀呀,到底是不食人间烟火啊,文老师白了她一眼,说道:"手机微信里关注'杭科微生活'公众号,在'科院易购'里挑选净菜,下班前路过学校便利店直接提取就可以了,省得回家还要跑菜市场。"

原来是这样,还真是挺方便的,不过,价格贵吗,品种多不多?

文老师连珠炮地回答:"除了蔬菜,还有牛奶、鸡蛋、五谷杂粮、休闲食品和各种干货,价格也不贵,再说了,学校每个月不是都有午餐补贴打入校园卡的么,可以直接刷卡买啊。"

李老师笑着说:"那还不错,所以你这小媳妇当得还挺开心么。"

文老师笑得坏坏地:"开不开心,以后你就知道了,你这未来某某某的小媳妇!"

我说你嗓门轻点儿行么,李老师又羞又气。

夕阳下的校园

下午的课程任务结束后,李老师慢慢地沿着校园水景走回自己办公室,黄昏时节,池面金光闪烁,湖畔杨柳依依。回到办公室后,李老师开始收拾自己的东西,准备赶校车下班。

"咦,今天回办公室怎么那么晚?"文老师诧异地问,"刚和你说了'职工小家'里到了一批新的咖啡豆,还想着你来了一起煮着喝,现在都快下班了。"

"没什么,下课后有些累,慢慢走回来的",李老师笑着回应,"你怎么突然也有这个兴致了。"

"你这话说的,我也是你这个文艺青年的年龄过来的",文老师说道,"再说了,职工小家是各二级学院分工会营建的给我们教职工提供休闲放松和关爱的场所,本来就是给我们放松的嘛,环境也好,还有一些杂志可以看……"

"行了,行了,不要做工作报告了",李老师笑着打断了她,"明天陪你一起去,走吧,该下班了。"

两人笑着收拾好东西,结伴出门去赶校车。刚坐上车,手机QQ里就传来了提示,一看是教职工假期疗休养活动的行程活动通知出台了。今年的疗休养活动线路有省内的武义、温州、仙居、舟山和丽水等地,行程活动安排都很丰富,各有特色。

校车发动了,李老师还在反复看着疗休养活动线路内容,脑中莫名地又多出了这样一个念头:不知道他会选择哪个线路?

校车在暮色中飞速行驶,车窗外的景色不断变化,李老师闭上眼睛,心想,明天一定会更加美好吧。

一、背景与理念

杭州科技职业技术学院工会秉持陶行知先生"爱满天下"的教育情怀,努力践行陶公倡导的"大学之道:在明民德,在亲民,在止于人民之幸福"①的大学精神,紧紧围绕学校中心工作,以校院两级工会建设为基础,以民主管理为抓手,以帮助青年教师成长为己任,以维权帮扶、促进教职工身心健康为重点,以文体活动为载体,认真履行工会维护、教育、参与、建设四项社会职能。充分发挥工会的桥梁纽带作用,在一校多区办学背景下努力增强教职工的归属感和凝聚力,提升教职工的幸福感和满意度,有力推进学校的改革发展和幸福和谐校园建设。

1. 以德为先,提升职业素养,增强发展动力

按照"坚持立德树人,把培育和践行社会主义核心价值观融入教书育人全过程"的要求,进一步倡导以德为先的内涵文化,广泛开展职业道德教育,培养教职工爱岗敬业、为人师表的职业素养,推动"以生为本,教书育人,管理育人,服务育人"的师德师风建设,以良好师风带动学风、校风建设;开展青年教师教学教育技能竞赛,提升青年教师的业务能力和教学管理水平,不断激发学校改革发展的动力。

2. 以人为本,营造温馨"大家",凝聚发展合力

为建设和谐"家园",形成推动学校和谐发展的良好氛围,始终坚持

---

① 《陶行知全集》(第11卷),四川教育出版社2005年版,第670页。

以人为本的管理理念,千方百计地为教职工办实事,做好事,解难事,维护教职工合法权益,为教职工搭建工作事业和学习生活的平台,传递组织温暖与人文关怀。努力营造相互尊重、相互包容、幸福和谐的"大家"的温馨。增加教职工对学校的归属感和亲切感,进一步激发教职工服务学校发展的积极性、主动性和创造性,汇聚学校发展的合力。

3. 以爱为源,打造充满生机的教职工队伍,激发发展活力

进一步倡导以爱为源的服务宗旨,创新活动载体,突出活动特色,关心关爱教职工身心健康,积极打造健康向上、充满生机的教职工队伍,助力幸福教育,增强学校改革发展的活力。

二、主要做法与特色

1. 加强民主管理,保障教师权利,共建"民主之家"

教职工代表大会是教职工参与民主决策、民主管理和民主监督的重要渠道,也是现代大学治理体系建设的一个重要载体。学校每年召开校院两级"双代会"。校级"双代会"审议校长工作报告、工会工作报告、学校财务工作报告、教代会提案工作报告和学校章程、学校发展规划及教职工切身利益相关的制度等。二级学院(部)"双代会"听取并审议院长(主任)工作报告,审议并通过部门二级管理收入分配方案等。分工会主席积极参与涉及教职工切身利益的重要事项的决策讨论。两级"双代会"平台引导教职工群众主动参与学校民主议事、民主管理、民主监督,进而全面落实教职工的知情权、建议权、选举权、参与权、监督权,对学校和各二级学院(部)改进工作、改善民主、促进发展起到积极作用。

2. 加强师德师风建设,提升职业技能,争创"活力之家"

每年在全校范围内组织"三育人"先进集体和先进个人评选活动,评选表彰在管理育人、服务育人、教书育人等方面表现突出的集体和个人。同时,注重发挥先进典型的示范带动作用,每年在教师节表彰大会上,对

获得省、市和校级师德先进、三育人先进的个人和集体予以隆重表彰，并通过校园网、宣传展板、会议通报等方式宣传先进人物的感人事迹和敬业精神，在全校营造弘扬优良师德师风、学先进、争先进、做贡献的良好氛围。激发了广大教师的积极性和荣誉感。同时，为进一步提升青年教师的教学技能和教育教学能力，提高青年教师的综合素质，学校举办了八届青年教师教学技能大赛、五届辅导员职业技能竞赛，不仅提升青年教师的职业能力，也增强他们的职业荣誉感和满足感。

图1-3　学校"双代会"会议场景

3. 深化帮扶助困，关爱教职工身心健康，搭建"温馨之家"

为建设温馨"家园"，形成推动学校和谐发展的良好氛围，始终坚持以人为本的工作理念，倾心帮扶助困，千方百计地为教职工办实事、办好事，以爱心帮扶为载体，传递组织温暖与人文关怀。一是做实传统帮扶，送温暖。扎实开展好生日送温暖、节日送慰问等传统活动。关心特殊群体的需求，为结婚的教职工送去喜悦的祝福；为痛失亲人的教职工送去心灵的抚慰；为生子的教职工送去开心的问候；为生病的教职工带去坚强的信心。同时，为全体教职工办理重大疾病医疗互助保障金，切实帮助解决生病教职工的后顾之忧。二是解决实际困难，送关爱。为解决青年教职工的婚恋问题,每年组织单身青年教师外出郊游、中秋联谊等活动,并积极参加上级工会和兄弟院校组织的联谊活动。三是开展心理帮扶,送阳光。关爱教职工身心健康,积极开展 HEAP(健康员工帮助计划)服务。2016 年,杭州市教育工会参与了中国首个公务员心理健康研究基地项目,学校成为杭州市教育系统首批四个试点单位之一。校工会会同人事处、学校心理健康咨询中心等部门认真分析学校教职工队伍现状,确定首批项目服务群体及活动计划,与杭州市健康管理中心(杭州市五云山疗养院)签订合作协议,共同开展线上线下"六位一体""定制式"辅导员身心健康培训项目,切实帮助辅导员掌握自我解压的技巧和方法,塑造阳光心态,提升健康管理的能力。

4. 创新活动载体,丰富教职工业余生活,构建"动力之家"

积极组织形式多样的文体活动,丰富教职工业余生活,如组织一年一度的教职工趣味运动会和亲子游乐活动;每年举办全校教职工"在一起"元旦文艺会演;精心组织教职工暑期疗休养活动;组织教职工春游、秋游及三八节女教师活动;积极扶持教职工协会(社团)的发展,使之成为开展教职工业余活动的主要依托。成立了登山、健走、手工、摄影、球类、书画、读书等 13 个教职工协会,组织开展各类活动,满足教职工生活多样化的需求,增强教职工日常生活的趣味性,活跃了校园文化生活。营造"健康、和谐、积极、融洽"的"大家"氛围,提升教职工对学校的向心力和归属感。

积极组织参加上级工会组织的比赛活动,展示学校教职工的精神风貌。"老男人"教工足球队连续三年参加杭州市市属高校教工足球赛,获得两届冠军和一届亚军的好成绩。承办了两届杭州市教工乒乓球比赛,校教工乒乓球队获得首届混合团体队冠军及第二届亚军。2016 年参加杭州市教育工会主办的"中国故事·魅力杭州"年代主题秀比赛,学校选送的节目《百年风雅》获得第四名的好成绩。

图1-4 学校元旦文艺会演

5. 用心关注,用爱行动,分工会全力打造"职工小家"

坚持"一校两制、分级管理"的工作思路,按照"独立工作、经费切块、过程指导、结果考核"的原则,鼓励各分工会结合实际情况,营建活力贴心的"职工小家"。一方面,学校积极完善分工会"职工小家"软硬件设施的标准化建设,配备空调、桌椅、冰箱、微波炉、咖啡机、电视机等硬件设施,订阅浙江工运、休闲类杂志书刊,建立具备"休闲交流""运动健身""文化阅览"多种功能的教工小家,为教职工提供了较好的交流空间。另一方面,各二级学院分工会"职工小家"积极发挥桥梁与纽带作用,认真倾听教职工心声,热诚为教职工服务。如城市建设学院分工会秉持"服务与关爱并重"原则打造幸福小家,为职工生日送礼物送祝福,为高考教职工子女送慰问,举办快乐运动技能竞赛等文体活动;旅游学院积极发挥分工会作用,全心指导学生服务 G20 杭州峰会;机电工程学院分工会积极弘扬"合作、提升、和谐、感恩"的教工文化,争先创优,建设"绩效之家",该院模具设计与制造团队 2016 年被杭州市总工会授予"杭州市模范集体"称号。

图 1－5 学校"职工小家"

三、工作成效

近年来,校工会在维护教职工合法权益、促进学校民主管理、推进和谐校园建设、提升教职工队伍素质、开展教书育人工作等方面取得了显著成绩,先后获得了上级工会授予的十多项荣誉,其中 2013 年被浙江省总工会评为"浙江省模范职工之家";城市建设学院、旅游学院和机电工程学院分工会先后被杭州市总工会评为"先进职工小家"。取得的荣誉是校工会和全体成员共同努力的成果,也是更好地推进工会工作的动力。在校工会这个大家庭里,教职工能够实现自身价值,并能从多样的活动中感受到"大家"的凝聚力,获得归属感。校工会将秉承"大家"爱大家的温暖情怀,不断凝心聚力,开拓创新,为学校的建设和发展作出自己应有的贡献!

(撰稿:丁水娟、周晴)

美丽校园＋美好记忆＝最美教育

"天然环境和人格陶冶,很有密切关系。"——陶行知

2015年4月17日那天,马月良和薛梦露,杭州科技职业技术学院2010届广告设计专业的两名毕业生,也是一对小情侣,特意从嘉兴赶回母校来拍婚纱照,"这个美好的校园有我们最美好的青春记忆,我们想把母校的风景和我们的爱情定格在一起!"

图1-6 毕业生在校园拍婚纱照

小马和小薛是同班同学,还是同桌,大二相恋。小薛说:"我们读的是广告设计专业,平时有很多创意作业,我们俩就经常到校园漫步寻找灵感。"杭科院校园素以风景优美闻名,学校背倚青山,溪水流贯,校内有著名的"六大景点",薛梦露说她最喜欢"荷风听瀑"和"龙溪涌翠","婚纱照一定要把它们拍进去"。

虽然杭科院校园里每天都有很多人对着美景拍拍拍,或者伸长胳膊对着美景中的自己拍拍拍,但这么隆重地带着妆,带着摄影师和助手来拍

婚纱照的,小马小薛还是第一对。一群人在小山坡上架起设备、摆起姿势,瞬间吸引了很多围观客。学校保卫人员以往没见过这种阵势,担心人多场面乱不安全,就想请婚纱二人组停止拍摄。正好谢列卫校长路过,及时"圆场",说:"让他们拍,我们的学生,回学校来就是回娘家,在娘家拍个婚纱照,天经地义。"

后来每年的毕业典礼上,谢列卫校长都要叮嘱毕业生一句:以后记得回母校来拍婚纱照!

能让学生念念不忘的杭科院校园,美得有点过分。几乎每个来学校参观的访客,都会"哇"地感叹一声,"风景太美了,好想留下来!"每年学校招生季放在官微上的校园实景图,都会被不知情者留言抗议:"请不要放 PS 过的图片。"

2015 年进校的信息工程学院学生范颖涛,一看到校园就喜欢上了这里,军训那天就开始积累素材,用两年时间拍下了杭科院的春夏秋冬,同学们的点滴瞬间。2017 年,他剪辑了一段时长 4 分 51 秒的视频片《再见,杭科院》,放上网后点击率很快超过 18 万,一夜红遍朋友圈。有学生留言说:"这么美,让我怎么说再见?"

2017 年的另一位"现象级"人物是艺术学院景观艺术设计专业的女生金思思,她以杭科院的校园风光为主题,绘制了一整套手绘明信片,成为毕业生离校时必带的"伴手礼"。金思思画杭科院画出了一手好技艺,后来她用这手技艺又去画了滨江,作品传到网上再一次"一夜红遍朋友圈"。

美,就算不说话,也是种无言的熏陶,而对美的认知和追求,会变成生活的底色,变成生命的热情。

在最美好的校园里成就最美好的记忆,是一个人一生当中不会忘记的最美好的教育。

一、背景与理念

杭科院是一所凝聚了百年办学历史积淀并在新时代焕发活力的"年

轻"的高职院校。学校现有杭州主城区、富阳高桥、建德严州三个校区，总占地面积约 850 亩，总建筑面积约 37 万平方米。其中位于杭州富阳高教综合体内的高桥主校区，占地面积 710 余亩，建筑面积约 31 万平方米，校园依山而建，水墨淡彩，功能齐全，宜学宜居，是目前浙江省内最漂亮的山水校园、生态校园、美丽校园之一。

校园环境是学校育人的隐性课堂，能启迪学生心智、塑造学生心灵、激发学习和生活激情。良好的校园环境文化不仅能够对学生起到潜移默化的作用，而且对教书、管理和服务育人工作的开展和实施也能起到推动和促进作用。杭科院以陶行知"爱满天下"作为学校的精神，全面推进校园环境文化建设，以美丽的生态环境为"形"，以丰厚的行知文化为"神"，以智慧服务、管理育人为"魂"，积极打造富有"生态野趣、人文意趣、科技智趣"的美丽校园，为师生学习、生活提供物质保障，为学生的成长、成才创设最好的环境条件。

二、主要做法与特色

1. 生态校园，充满诗情画意

学校校园环境基础条件好，有山有水，在规划、建设校园时，充分保留了丘陵、河流、池塘、茶园、树林等原生态地貌与植被，通过组织和利用丘陵、建筑与水体的相互关系来取得诗意般的校园空间。校园具有明显的山地地形特征，建筑"依山而建、傍山而筑"，形成了"建筑—丘陵—建筑—丘陵"疏密相间、张弛有度的校园空间布局。中心景观水系的水体由原有东西两侧的池塘改造而来，形成大小不一，层层跌落的园林水景，同时结合水边缓坡、亲水平台、临水亭榭、小桥流水营造了多形态、多层次的交往、交流空间。校园所在地原本种植有大片的茶树，校园建成使用时，将未实施建设的校园东北侧和西北侧的茶树全部原貌保留，形成"有机茶园"，每年春季新茶上市时，师生可参与采茶活动，自产的龙井茶除用作学校招待用茶外，还作为校名特色产品销售。校园内保留的原有山丘,因种植了桃树、梨树、杨梅树、樱桃树等各种果树,被称为"花果山"。"百草园"位于"花果山"东北角,原为坡地灌木林,种有各种灌木球200多棵,通过种植品种的优化,景观休憩功能的完善,乡村教育文化的注入,为师生打造了一个休闲的花园和认知植物的自然课堂,成为校园中一个新的亮点景观。山坡人行廊道两侧种植了月季花,形成了一条花径,南坡种植有用于观赏的五彩石竹和薰衣草。校园中心水系(龙溪)的主景观"荷风听瀑"由落差近20米的叠瀑与种植有睡莲、美人蕉、荷花的景观水景形成,当叠瀑飞流水雾弥漫时,缥缈无声,雾里看花,似入仙境。

2. 现代校园,管理服务规范

(1)校园设施与环境文化协调和谐。校园总体布局充分利用丘陵缓坡、东西向长的地形地块特点,将校区自东向西有机地规划为行政及对外交流区、教学实训区、生产实训区、中心轴线区、学生生活区、文体运动区、自然游憩区等七大区块。校园建设时充分利用地块原有东北、西北两股自然水系,形成了目前的贯穿校园的中心水系景观带。校园建筑以水墨淡彩为主基调,建筑与环境有机融合,色彩调和,灰砖青瓦间既保留了传统中式建筑的风格,又融入了现代科技的表达元素。其中综合楼及陶行知研究馆获得"2013年全国优秀工程勘察设计行业奖评选"建筑工程一等奖,文体中心、实训楼项目获得2011年浙江省钱江杯优质工程奖。坐落于校园中轴线北端的图书馆由主馆、副楼与报告厅组合而成,依山势而建,主体建筑的外轮廓与山峰的天际线交相辉映,似立体切割般的建筑犹如山间滚落的三块巨石堆砌而成。坐落于校园西侧的文体中心由运动馆、运动附馆、剧场、活动中心四个单体组合而成,从空中俯瞰,犹如三片飘落的叶子与坠落的一滴水珠。通过几年分阶段的建设与局部的有机更新调整,已实现了功能齐备、布局合理,人与环境和谐共存、诗意栖居的校园建设目标。

图1-7 学生服务大厅

(2)校园内设施设备维护规范。校园各楼宇建成后,由前期物业服务企业和建设单位按照有关规定和合同的约定,共同对校园物业的设施设备进行了全面的检查和验收工作。重点就校园设备(包括电梯、行车、水泵、水箱、避雷设施、消防设备、楼道灯、发电机、变配电设备、给排水管线、电线、空调设备等),校园设施(道路、绿地、人造景观、宣传栏、路灯、排水沟、渠、池、污水井、化粪池、垃圾容器、污水处理设施、机动车与非机动车停车设施、体育设施、消防设施、安防监控设施、人防设施、垃圾转运设施等)的使用、维护和管理的相关技术资料进行全面交接。校园投入使用以来,日常的设施设备维护及维修任务繁多,尤其是零星维修项目种类多、分布广、要求高。2014年以来,学校各维修队伍共完成1万余项维修任务,重要抢修100余次,重大活动临时用电保障90多次,有力地保障了学校师生的教学与生活。

(3)校园绿化养护规范。学校组建了绿化养护队伍,负责全校20多万平方的绿化种植养护工作,先后完成校园复绿面积达2185平方米,完成北山路(1号路)和花果山廊道绿化带提升工程,另外还培植草花1万多株。学校为校园内丰富的植物尤其是大型名贵乔木设置了名牌,向师生科普植物知识,并利用信息技术,提供扫"二维码"查看植物详细信息的趣味服务。2015年4月学校参加了由浙江省教育后勤协会物业管理专业委员会主办的浙江省高校后勤服务人员绿化技能比武大赛,荣获浙江省绿化技能大赛综合技能三等奖。

3. 人文校园,历史底蕴深厚

校园掩映于群山秀岭之间,宛若天壤画屏,放眼观望,满目葱茏,建筑山水环抱,犹如自然成长,孕育出底蕴深厚、风格独特的校园文化。校园人文景观以江南文化为背景,以山水文化为依托,以职教文化为内容,以行知文化为主题,形成了一系列可读可感的具有学校特色的文化景观。

(1)"杭州陶行知研究馆"。位于校园东北处的杭州陶行知研究馆以原浙江省湘湖师范学校陶行知纪念馆为基础,投资2000多万建成。这座新馆青砖黛瓦、翠竹掩映,有陶行知故里徽派建筑的神韵,是继上海、南京、安徽、重庆陶行知纪念馆后,全国五大陶馆之一,也是学校以学习陶行知为主题,体现学校悠久办学历史与深厚文化底蕴的集展示交流、学术研究、文化育人为一体的研究馆、杭州市陶研会秘书处所在地和杭州市爱国主义教育基地。

(2)"校名印石群"。位于图书馆前广场的校名印石群,由六枚校名刻石印章组成,分别为"杭州市城市建设学校、浙江省湘湖师范学校、杭州广播电视大学、杭州成人科技大学、浙江省严州师范学校"等,是学校"多校合并"建校过程的纪念。"校名印石群"东侧的青岭上有一座"六乘亭",也是为了纪念六校融合发展的校史,与印石群两相对照,寓意学校凝心聚力,事业蓬勃兴旺。

(3)"校友林"。位于校园综合楼北侧,由历届毕业生代表在此处种下杜英等树种,表达与母校共同成长的美好愿望,也反映出学校永远牵挂自己的学生、学生永远不忘母校的深厚情谊,与学校正大门处镌刻的陶行知先生名言、学校精神"爱满天下"形成南北呼应。

4. 智慧校园,科技以人为本

学校积极汲取兄弟高校的先进管理经验,大力推进后勤信息化建设。通过引进应用和联合开发相结合的方式,本着先易后难、先有后优、统一规划、分步实施的工作原则,扎实有效推进后勤管理软件系统建设,并取得了良好的成效。先后引进应用和联合开发了包括数字服务大厅、网络报修、服务监督、网络订餐、公寓管理、场馆管理、移动后勤 APP、房产管理系统、资产管理系统、车辆管理等 10 余套应用系统。基本实现了师生便捷的校园生活与科学、智能的校园综合管理服务的有机结合。学校在建设线上服务系统同时更注重线下服务质量提升。同时建设了后勤服务实体大厅,整合窗口部门提供一站式服务;开通服务热线"一号通",全时段提供语音服务;运营了"杭科微生活"微信公众号,让校园生活资讯尽掌握;将学校高桥校区一楼餐厅进行整体改造,升级为"美食广场",营造贴心的餐饮环境;开通微信订餐送餐服务,率先实现校园消费移动支付。

图 1-8　美食广场

三、工作成效

以深入开展"美丽校园"建设为总抓手,有效提升了学校后勤管理服务工作水平,改善了校园的环境,进一步扩大了学校的社会知名度和影响力。

近年来,学校积极推进后勤管理、服务体制与机制改革,形成了适合学校实际的"两分离两结合"后勤管理与服务体制机制,即:管理与服务相分离、保障与经营相分离、外包与自营相结合、线上与线下相结合。学校公共事务管理处(后勤处)履行后勤保障管理与服务监管职能,学校建立的具有独立法人资质的后勤总公司——杭州富阳科新物业管理有限公司,提供全方位后勤保障服务。学校的后勤保障工作先后通过了ISO9001质量管理体系、ISO14000环境管理体系、GB/T28001职业健康安全管理体系认证。近两年来,学校先后获得了"全国校园物业服务实体(企业)百强""全国教育后勤信息化建设先进单位"、浙江省"平安校园"等荣誉称号。

美丽校园,不仅极大激发了广大师生的爱校热情,增强了幸福感和自豪感,而且声名远播,吸引了越来越多的社会人员来校参观休憩,不少电影电视剧组选择杭科院校园作为拍摄地。

(撰稿:郑龙、高勇、谢建军)

爱在乡村

"要想完成乡村教育的使命,属于什么计划方法都是次要的,那超过一切的条件是同志们肯不肯把整个的心献给乡村人民和儿童。"——陶行知

将爱心献给乡村人民和儿童,杭科院教育学院学前教育专业要培养的就是这样爱在乡村的幼儿教师。不怕艰苦,牢记教育促进社会公平发展的重要使命,方显"大爱无疆"的本意。

天生具有孩子王气场的幼儿园男教师

郑文聪,一位来自浙西山城的帅气男孩,2015 年 6 月毕业后,回到家乡建德航头镇,开启幼教生涯。因为土生土长,熟悉的家乡景、热情的家乡人、可爱的家乡孩子,郑文聪很快就适应了这里的工作。他是幼儿园唯一的男教师,除了带班,自然也担任起了幼儿园的体育教学工作。

工作后,郑文聪对幼儿教育有了更深更接地气的认识:"为了孩子,为了家乡的幼儿园教育,只希望自己能够做好一名幼儿园教师,给孩子带来快乐、带来阳刚,因为我是一名男幼师!"郑文聪说在学校读书时,老师们除了教授专业知识、专业技能之外,还特别注重对同学们的职业信念的引导、师德师爱的培养,"当老师就不能怕艰苦,农村的孩子更需要我们的爱。在乡村小人国里,同样能闯荡出一番大事业!"

郑文聪在建德航头镇中心幼儿园工作进入第 3 个年头时,他已成长为幼儿园办公室主任,带班、行政工作之外,也没有落下专业提升、教育教学研究。他公开发表了论文《滚铁环的再设计》;课题《幼儿园"六小"传统体育活动的开发与设计》分别在杭州市和建德市立项,结题报告获建德市二等奖;课题《幼儿园田园科学探索活动的设计与实施》获建德市立

项;制作幼儿游戏的100种语言《小小运输员》微视频获建德市优秀奖。

杭科院教育学院目前共有5名像郑文聪这样的建德籍定向培养毕业生,一个个都是幼儿园的教学骨干。

驻守大山服务乡村的幼儿园女教师

从淳安县城到枫树岭镇夏峰村要经过"九曲十八弯",路程不少于70公里。淳安籍学前教育专业毕业生黄丽萍,毕业后被派遣到枫树岭镇中心幼儿园夏峰教学点,一干就是几年。20个孩子,80%是留守儿童,大中小混龄班,一教一保,这"一教"就是黄丽萍,她是这个教学点的唯一教师。

因为交通不便,因为条件艰苦,因为方言不通,刚工作的那会儿,黄丽萍有些不适应。"学校里学到的知识技能,在工作中很受用,我没有惊慌失措","但是我听不懂孩子爷爷奶奶的话,没法交流,下班了没地方去"。黄丽萍没有抱怨,没有放弃,因为,在她的心底,有一份信念,有一份坚守——这里的孩子需要我。渐渐地,她适应了大山的生活,也得到了乡亲们的认可,工作一年后还成了学妹的师傅。像黄丽萍这样耐下心来扎根农村的毕业生还有许多。

委以重任快速成长的幼儿园新教师

肖诗琦,桐庐籍定向生,毕业后分配在桐庐县江南镇中心幼儿园。因为基础扎实,因为勤奋好学,工作第一年就被幼儿园委以重任,担任教科室主任。园长信任的背后,就是压力,作为一名新教师,只有把压力化为动力,不断鞭策自己,不断学习提升,才会有收获。除了带班、行政事务性工作,肖诗琦自己对教科研的钻研和专业技能的提升丝毫没有放松。工作第一年,她主持的课题《基于一日生活环节培养幼儿自主能力的实践研究》被立项为桐庐县2016年度教育科学规划课题,个人还获得了全县新教师技能比赛全能二等奖,健康领域公开教学活动三等奖。在我们的毕业生中,像肖诗琦这样快速成长的毕业生为数不少。

乐意去、留得住、干得好,杭科院教育学院培养了一大批"志在乡村"

的幼儿教师,他们活跃在杭州各地的乡村幼儿园,用自己的行动书写着温暖的"爱在乡村"故事,给农村的孩子们带去了阳光与欢乐,也有效促进了杭州学前教育的均衡化发展。

一、背景与理念

2010 年 11 月杭州市委、市政府坚持学前教育的公益性、普惠性原则,出台了《杭州市委市政府关于加快推进学前教育均衡优质发展的若干意见》和《杭州市学前教育专项资金管理办法》《杭州市幼儿园园舍建设实施办法》《杭州市幼儿园非事业编制教师管理办法》《进城务工人员子女在杭入园管理暂行办法》等四个配套文件(简称"1 + 4"新政),明确了杭州市"十二五"学前教育的发展目标,构建了促进杭州学前教育均衡优质发展的政策框架。通过调研数据表明,社会对幼儿园教师的需求仍很大,特别是农村及偏远地区对幼儿园教师的需求将长期存在。2012年,杭州市人民政府办公厅、浙江省教育厅办公室发布了《关于 2012 年面向杭州市萧山区、余杭区和五县(市)定向培养农村幼儿园教师的通知》(杭政办函〔2012〕161 号),决定由杭科院学前教育专业承担定向培养农村幼儿园教师的任务。截至 2017 年 7 月,杭科院定向培养农村幼教师资的工作已持续了 6 年,在培养幼儿教师的实践中不断创新人才培养理念。

1. 将陶行知思想贯穿幼儿教师培养整个过程

"在教师的手里操着幼年人的命运,便操着民族和人类的命运。"[1]在陶行知看来,幼儿教育是人生的启蒙教育,培养什么样的幼儿师资,关系到国家的命运,关系到社会的发展,关系到儿童的前途。作为浙江省开办学前教育专业为数不多的一所地方性高职院校,传承陶行知思想,将陶行知思想贯穿幼儿教师培养整个过程,是办好学前教育专业培养乡村幼儿教师的特色。

---

① 《陶行知全集》,四川教育出版社 2009 年版,第 352 页。

2. 传承湘师精神创建学前教育专业文化品牌

杭科院开办师范教育的渊源,可以追溯到由陶行知先生参与指导创办的浙江省湘湖师范学校。1928年2月25日,浙江召开会议,讨论发展乡村教育问题:决定以萧山县湘湖为试验区,首先创立一所乡村师范,作为改造乡村教育的中心,并决定敦请陶行知前来协助筹创该校。①而后,陶行知指导创办的湘湖师范在历史的发展中成为我国乡村教育的典范,培养了大批乡村教师。湘湖师范在近80年的办学历史中一直遵循着陶行知先生的办学理念,并在实践中不断发扬光大。现代幼儿教育的人才培养,我们要传承湘师精神,创建"师爱"文化,树立新的乡村教育理念。

3. 培养"乐意去、留得住、干得好"的农村幼儿教师

随着国家"二孩"政策的落地,农村留守儿童的增加,城镇化建设速度的加快,城乡差异的缩小,以及杭州市"学前教育公共服务体系"的逐步建立,学前教育优质资源均衡发展的瓶颈越来越显现。农村幼儿园教师流失率高、专业发展起点低、专职教师配备不足等问题,无不牵动着社会的神经。根据教育学院在2012年初对杭州西部五县(市)18所乡镇中心幼儿园的调查中数据显示:稳定在同一所幼儿园工作10年及以上的教师只占总数的8.5%,在幼儿园工作时间为3年以下的教师占总数的59.1%,有近三分之一的幼儿园教师还不具有教师资格……一个个沉重的数据在敲击着教育者的同时,也让杭科院这所有着丰厚乡村师范教育传统的学校担负起一项新的使命。培养"乐意去、留得住、干得好"并能适应农村幼儿教育需要的幼儿园教师已经成为时代的呼唤。

二、主要做法与特色

1. 以"师之源·爱之园"文化品牌为载体,浸润熏陶,文化育人,爱在乡村

---

① 金林祥、胡国枢:《陶行知词典》,百家出版社2009年版。

没有爱就没有教育。师爱精神是对师范文化血脉的传承,更是对陶行知思想体系的核心"爱满天下"的深刻诠释。2014 年学校总顾问顾明远先生亲自为杭科院教育学院题词,指导、支持专业文化建设。

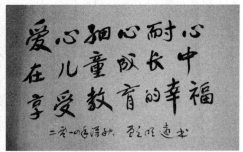

图 1-9 顾明远先生题词

学校坚持"知行合一"的治学原则和"爱满天下"的教育精神,以"行知"文化为引领,挖掘湘师文化资源,坚持文化传承与培育创新相结合、师范文化与现代职教文化相融合、文化建设与专业建设相融合,从"爱""严""真""做"四个方面着手,打造"师之源·爱之园"的"师爱"文化品牌。让学生理解乡村教育的意义,树立信念,增强责任感;让学生认识到农村幼教工作是大有作为的,树立自信心,增强使命感;让学生在师爱文化的充分浸润中,培养起乐意去农村、扎根农村的师爱精神,把"爱满天下"的种子撒向广阔的农村。

学校积极探索师范特质培养模式,以立德树人为根本,全员育人、全过程育人、全方位育人。注重教师的言传身教、注重学生之间的相互影响与督促、注重学院良好院风对学生的浸润、注重对学生职业认同感的培育,形成教师教育人才培养的新格局。将"礼、严、爱、乐"作为学前教育专业学生"师范特质"培养的核心理念,从师表、师德、师风、师能四个维度入手培育:知礼诚信树师表、严以律己正师风、传递师爱育师德、阳光乐学强师能。

学校在环境文化创建过程中,深入挖掘"师爱"文化内涵,围绕"师爱"主题,实施文化上墙工程,在教育学院门厅、楼道、教室、实训等公共场地、醒目地设置陶行知名言、国外幼儿教育家经典词语、学院文化活动风采掠影等,并创编了《爱相伴,梦相随》师爱主题曲,制作了《重走湘师路》《爱在乡村》等微视频宣传片,为学生制作了职业服装,培养学生职业自豪感与责任感。

2. 校—政—园联动,共同培养农村幼教师资

在杭州市、区县(市)两级教育局和人社局的支持协同下,校—政—园联动,共同培养农村幼教师资,促进杭州市学前教育均衡化发展。学校目前建有教师发展学校 61 家,乡镇中心幼儿园基地 33 家;建有较为完善的保障制度与支持体系,如学生定时返乡、毕业生返校、学校回访、基地分片区工作联系等制度,"双导师制的师友互动体系""毕业生专业成长后续支持系统",提升学生行知结合的实践能力。

图 1-10　学生在幼儿园实习

3. 教学做合一:提高学生素质能力

学校始终把陶行知"惟独为全国儿童和民族前途打算的师范教育才能受我们的爱的"①作为专业建设的行动指南,融入现代职业教育理念,推进师范性与职业性的融合。践行理论课程精致化、艺术类课程学前化、

---

① 方明:《陶行知全集》,四川教育出版社 2009 年版,第 8 卷,第 116 页。

专业课程职业化、实践课程体系化的"课程四转化",并以《农村幼儿园特色课程》建设为着力点推进课程建设。以学生专业素质和幼教能力培养为核心,坚持实践取向,构建"行知合一"的项目化实践教学体系。

4. 社会实践:践行行知教育思想

"社会即学校"是陶行知教育的一贯主张,让学生投入社会实践活动,是文化品牌建设的重要内容。近年来,学校开展了"手拉手情系贫困小伙伴"行动,为贫困山区的孩童、为特殊教育学校的孩子送去一份温暖。开展了"学雷锋、做雷锋我们在行动"、爱心义卖、义演等志愿者服务活动。参加了由富春阳光公益和富春论坛联合举办的富阳市交通劝导活动。2015年,为了弘扬湘师精神,学校组织开展了"重走湘师路"活动。16名学生在老师的带领下从萧山出发,一路南下,寻访湘湖师范的办学轨迹。通过系列社会实践,增强"心系天下"的社会责任意识。

三、工作成效

1. 文化育人凸显成效

构建起了"一主线、二坚持、三融合、四抓手"的文化育人模式,将行知文化引领下的"师爱"文化建设贯穿在人才培养的整个教育过程。在"师爱家园"中,教师用"爱"浇灌学生、教导学生,构建和谐关系,让学生感受到来自老师的爱,进而让学生能以准教师的身份去传承、践行师爱精神,形成了师与生、生与生之间的良性互动,有效增强了学生的责任意识、使命意识,培养起了学前教育专业学生所独有的"师范特质"。

2. 培养质量适应社会需求

到2017年,学校已培养三届学前教育毕业生1142名(其中农村定向生548名),每年毕业生的就业率均在97%以上,岗位与专业相关度均在95%以上。据省评估院的调查数据显示,用人单位对毕业生的满意度为89.28%。根据调研,各地教育局、幼儿园对毕业生的专业素质和能力总体评价优良。三届毕业生全国教师资格证获取率远高于省平均通过率。

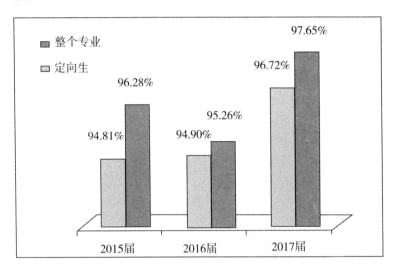

图1-11 毕业生教师资格证获取率

3. 定向培养促进教育均衡化

学校与杭州市政府及三区四县(市)合作,定向培养农村幼教师资,为杭州地区的萧山、余杭、富阳、临安、桐庐、建德、淳安的乡镇中心幼儿园输送了大批农村幼儿园教师,为推进杭州地区的学前教育均衡化发展作出了贡献。《浙江教育报》于2014年6月16日对此作了题为《做学前教育的"追梦人"》的专题报道。

4. 专业建设更上一台阶

学校自2012年开设学前教育以来,以"一主线、两加强、四转化"为思路深化专业教学改革,彰显农村幼教师资培养特色,推动专业发展。学前教育专业2012年开办初始就被立项为学校第二批重点建设专业,2013年被杭州市政府确定为重点扶持专业,2015年立项为杭州市属杭州市属高校产学对接特需专业,2017年立项浙江省高职高专"十三五"特色专业。

蚕食桑叶,消化而吐出能为锦绣之丝;师范生求学,亦当融会贯通而吐出有益于人之事业也。① 在"十三五"期间,学校将以陶行知教育思想为指导,不断进取,深化改革,培养更多的学前教育"追梦人"。

(撰稿:钱世凤)

---

① 方明:《陶行知全集》,四川教育出版社2009年版,第1卷222页。

第 2 章　生活即教育

　　"生活即教育"是陶行知生活教育理论的核心,强调生活与教育是同一过程,教育来源于生活,并通过生活来进行,过什么生活便受什么教育。学校晨晖剧社传承湘师醒民剧团的精神,坚持用艺术浸润心灵,育人于日常,将德育培养与美育教育有机融为一体。学校组织开展的"阳光长跑"是一项大型健康活动,解决了学生运动习惯差、长跑效率低等问题,深受学生喜爱。学校通过举办校园工学岗位招聘会,为学生搭建平台,以工助学,工学结合,鼓励学生在参与实践中掌握技能,锻炼能力,滴自己的汗,吃自己的饭。香草音乐节,是校园文化活动的另一个符号,在这里不管是老师还是学生,都以音乐表达他们对生活和青春的热爱,音乐连接了师生共同的理想。

点亮艺术育人的那颗星

　　戏剧即人生,人生即戏剧。夫以有生之人演人生之事,岂不诚教人为生之美术哉!

——陶行知

图2－1　胡之韵主演的话剧《原野》剧照

　　胡之韵是酒店管理专业的大一女孩,她说,她从未想到有一天能站在话剧的舞台上担当一部大型话剧的女主角。"我是特别内向的一个人,不太善于表达,有事喜欢闷着。在人前说话有时候都脸红,更别说表演了。"胡之韵没想到,刚到大学后的一个月,她就遇到了改变自我的重大挑战,小胡"一不留神"加入了兴趣类社团——晨晖剧社,并被指导老师看中,成了话剧《原野》的女主角。小胡第一次看完剧本后整个人"懵了":"女主角花金子太有爆发力了,个性张扬,泼辣大胆,这和我性格差异太大了",胡之韵那时就想打退堂鼓,还好指导老师孟庆东从旁鼓励,要不然,小胡可能永远都意识不到自身的无限潜能和艺术才华。

　　小胡刚拍戏的那会儿觉得拍戏是受罪,四十多页的剧本,两个多小时的演出长度,这对毫无舞台经验的年轻人来说,绝对是超凡挑战。问题多,但是解决问题的方法更多,小胡觉得,自己的外形优势并不明显,只有勤能补拙、多从表演内涵上下功夫才有出奇制胜的可能。背台词,背到说梦话都在对答台本;抓动作,一个人对着镜子反复琢磨。小胡越来越觉得,书本知识是一种学习,认真排练好话剧同样也是一种学习。排话剧,要学会团结、学会包容、学会协作、学会思考。纸上得来终觉浅,很多事情,非得自己亲身实践,才知道个中的滋味。指导老师孟庆东告诫大家多多知行合一,既要反复观看原著原典,又要落实行动;既要有所继承,更要有所创新。不拘泥于前人,在音乐、语言、动作等方面根据实际情况有所创造,大胆创出具有晨晖剧社特色的话剧品牌。

　　"演着演着,排练就变成了一种享受。我自己本身就对演出有兴趣,只不过之前把自己拘泥起来,整个人打不开、放不下,一旦突破自己,打碎了禁锢自身的甲胄,就一下子豁然开朗了。喜欢的东西有所发展,是种幸福"。话剧《原野》公演第一场,胡之韵的演出清新爽利、流畅脆生,让人动容。同学看完她的表演都被"震住了",他们怎么也想不到印象中柔柔弱弱的小姑娘会有那么大的爆发力,把民国的一个苦情女子演绎得这么精彩。其实,演话剧就是演人生,就是无限地突破与重塑自我。

　　晨晖版《原野》是一出新老演员杂糅的剧目,除有胡之韵这样的新人加盟外,还有几位"老晨晖人"参与表演,其中来自旅游学院会展策划与管理专业1502班卢姗君扮演的焦氏这一角色令人印象深刻。"2015年10月份晨晖剧社招募话剧《重返二十岁》的演员,我去参加了面试。导演齐泽皓认为我非常适合这个角色,希望我能够尝试一下。很幸运地,我留在了晨晖剧社。但说实话,我是渐渐喜欢上的话剧。一开始参加面试其实是想要在大学里多参加一些活动来丰富自己的业余生活。后来慢慢地融入这个集体,一直坚持着演戏,很幸运地成长为社长,越来越喜欢这个集体。"对于卢姗君来说,成为社长其实也吃了很多苦、受了很多委屈,占用很多的课余时间,除了演戏,她还需要负责统筹剧社大小事宜,经历了很多自己曾经不情愿感受的东西。但最后,因为对话剧的坚持、对演戏的热爱,卢姗君不忘初心,勇敢地坚持下来,蜕变为剧社的挑大梁式人物。

在晨晖版《雷雨》中,除了有新老搭配相得益彰的演员,场上古拙而具有年代感的家具也为演出增色不少。"整场话剧有两张八仙桌和两把太师椅是从我家里带来的。我爸爸在听说剧社缺少大型古装道具后,特地从家里仓库找了这些老家什,不辞辛劳地用货车亲自运送到了学校。我要感谢父母的理解和支持,是他们让我可以毫无顾虑地去演话剧。"

在晨晖剧社,还有很多胡之韵、卢姗君这样的同学,在兴趣类社团中找到了自己的生长点,在兴趣类社团中培植下自己的希望与骄傲。2016年晨晖剧社 12 周年庆的时候,数十位业已毕业的晨晖人从丽水、宁波等地赶赴母校,就是为了再与心爱的社团来一次相聚,他们说:晨晖剧社是大学生活中最美好的回忆,一起拍戏的日子永难忘怀。兴趣类社团不仅仅是大学生活、大学教育的补充与调剂,它更是与大学第一课堂同等重要的学习阵地。对于不同的学生,应有不同的教法;对于不同的时代,应有随时而变的灵活。兴趣类社团,让学生找到了自信、自尊与自身价值,与第一课堂一起发力,塑造知行合一的当代学子。

一、背景与理念

晨晖剧社成立于 2004 年 11 月,其前身可追溯到陶行知指导创办的浙江省湘湖师范学校尹日昌老师和江景双老师指导培育下诞生的醒民剧团,1929 年 4 月湘湖师范成立了湘湖剧社,1937 年 12 月更名醒民抗战剧团,1943 年改名"醒民剧团。"①剧团以服务民众、宣传抗日思想为宗旨,创编了大量的抗日剧目。1937 年学校告别湘湖,从义乌到松阳,从松阳到庆元,从庆元到福建松溪,从松溪到景宁道化,再折返松阳,最终回到湘

---

① 《湘师简讯》,1947 年第 9 期,第 2 页。

湖。但是剧团始终坚持烽火湘师路,面向乡村百姓,转载千里传播抗日种子,被誉为"战斗在浙南山区的湘师醒民剧团"。1940 年暑假到 1941 年初,剧团又到永康县城及十多个乡镇和龙游县巡回演出 40 余场。① 醒民剧团经历了 12 年的战斗岁月,在陶行知先生、金海观校长、江景双等老师的指导下,先后演出 50 多个剧目,演出场次数不胜数,为开展乡村教育服务,作出了杰出的贡献。

醒民剧团是晨晖剧社的灵魂与精神支柱,为晨晖剧社的发展提供了历史参照,醒民剧团敢于坚持、敢于创新、敢于承担社会责任的精神深深鼓舞着晨晖剧社的一批批社员。晨晖剧社传承了湘师醒民剧团"面向社会,在做中学,宣传抗日,唤醒民众"②的精神,踏着"在战火中诞生,在锻炼中成长,在逆境中磨炼,在黎明前壮大"的足迹,在现代职业教育的大舞台中,与时俱进,不断成长。剧社以"实现表演梦想 培养艺术人才"为办社宗旨,意在为学校有演艺特长和兴趣的学生提供学习、交流的平台,倡导高雅且富有活力的校园文化氛围。

1. 立德树人——以话剧教育塑造学生良好的品行风貌

在话剧教育中贯彻行知教育理念,注重用理论指导实践,在实践中践行理论,通过话剧给予学生柔性教育,引导学生研读剧本、揣摩人物、领会剧意,养成感受生活、热爱生活、反思生活和勇于表达自我的精神气质。

坚持歌颂真善美、鞭挞假恶丑的选剧、排剧标准,以精品话剧为切入点,以传播艺术为显性目的,以健全学生道德意志、提升德育水平为隐形目标,逐步丰富学生的思想、道德意识。通过话剧演出的实践,培养阳光、积极、热爱艺术的演员与喜爱话剧艺术的拥趸,形成自己的演出特色与一定的表导演机制。

2. 谦和诚逊——以话剧教育培育学生较好的人际沟通能力

话剧是团体艺术,需要台上台下多部门的通力配合。剧社以戏为纽

---

① 萧凌:《陶行知与湘湖师范》,四川大学出版社 1992 年版,第 139 页。
② 萧凌:《陶行知与湘湖师范》,四川大学出版社,1992 年版,第 125 页。

带,让学生在排练中学会沟通协调、宽容善让、取长补短、团结互进。在台
词的演绎上学生相互研讨,在动作的切换上学生拟仿斟酌,在灯光的搭配
上剧社成员协商交流,在服装的置办上集体相互商议,在具体场次的演出
中学生与社会广泛接触。通过话剧,让学生自己与自己相处的心理自信
愈加强大、自己与他人和谐共处的能力愈加增强、自己与艺术互动交流的
水准愈加攀升、自己与社会融入共生的态势愈加圆融。

3. 美育传情——以话剧教育提升学生美学价值品位

剧社重视话剧美学的基本理论传授,引导学生探究戏剧艺术的审美
本质、审美特征,学习戏剧艺术的发展过程和戏剧观念、流派、风格的兴替
嬗变过程,让学生边做边学、边改边悟,形成自己对戏剧艺术创造规律的
认识,提高学生的美学素养。

二、主要做法与特色

话剧教育以柔性的情感促使学生在掌握专业技能的基础上培养良好
的人际沟通能力、口头表达能力、临场发挥能力与审美、鉴美能力,让学生
不但成为专业技能方面的排头兵,更能够通过话剧使自己成为复合型
人才。

1. 主要做法

经过几年的实践,晨晖剧社不但有了自己的排演经验,而且形成了独
特的做法。

(1)坚持导演中心制、社长负责制的原则。明确剧社工作目标,确定
年度中心剧目,让剧社以"排演"为立社根本,全力打造高效率的高职学
生剧社。完善导演、社长负责机制,统筹剧社全局,形成导演、社长双向合
力的运作模式。

(2)坚持一体两翼的组织思路。坚持"话剧专场演出"与"话剧普及
推广"两条腿走路,让各个艺术层次的学生在剧社中找到自身定位,挖掘
自身潜能。剧社以精细化的工匠精神打造年度剧目,坚持用艺术浸润心

灵,重视挖掘学生与生俱来的表演天赋,借此引导学生对校园、专业与艺术的认同感。同时,晨晖剧社不断加强话剧艺术的普及和推广力度,以学校第二课堂为抓手,设立了舞台表演鉴赏与拓展专题课堂,每周一课,辐射各二级学院百余位同学。课堂以情景模拟为抓手,将经典话剧鉴赏、话剧片段演绎、话剧基本理论培训贯穿其中。剧社还建立了内部团员交流机制,每年举办4—5次研讨会,累计300余人参加了研讨。

(3)坚持持之以恒、慢工细活的排演方式。晨晖剧社以年度大戏的形式开展话剧专场演出,每次演出全本话剧需排练3—4个月,这极大地锻炼了参与者的耐性、柔性、心性,让学生们学会团结、学会务实、学会审美、学会思考。精益求精、突出细节,磨戏、锻戏、铸戏、淬戏,不断找差距,不断找缺失,不断找不足。

(4)坚持工作坊式的集中研讨制。如切如磋,如琢如磨,晨晖剧社的排演在导演中心制的基础上注重演员自身对戏剧的二次加工与自我创造,形成了群体性艺术创造的局面,让每位演员参与人物的塑造,群策群力,一同提出合理的排演方案,极大促进了剧社的长远发展。

2. 培育特色

通过努力,晨晖剧社的年度大戏往往成为学生口耳相传的艺术典藏,不少同学通过晨晖剧社的演出第一次领略话剧的魅力,感受到话剧之美、艺术之魅。在实践中,逐步形成了以下特色:

(1)强干:给予学生充分的信任和鼓励。在话剧育人的过程中坚持学生的主体性,指导老师适度参与、重在指导,让学生在剧社中真正发挥主观能动性,挑起大梁。过去的十多年,晨晖剧社从招募演员到全程排演,都由学生社长、学生导演负责,使话剧排练、演出的过程成为学生自我教育、自我管理、自我提升的过程。

(2)固本:坚持文化氛围的培育。注重引导全校学生对话剧的热爱,建立对话剧的共识,营造一片适合话剧生长的土壤。十多年中,晨晖剧社通过纳新、展演、交流座谈等方式,渐渐在校内学生中建立起可亲可敬的形象,每年剧社纳新都会吸引几百名学生前来报名,许多落选演员的学生自愿留在剧社中帮忙做剧务工作,无偿付出自己的时间和劳动,甚至把家中物品借给剧社当道具,形成了对话剧艺术的崇高感、向往感,为话剧艺术在校园里的蓬勃发展创建起良好的生长环境。

(3)纯粹:坚持社团的风格与追求,不媚俗市场。为人生而艺术,为学生而艺术,为心灵的需要而艺术,这是晨晖剧社的发展风格。剧社要求社员专心做话剧,凭兴趣、不计报酬,安安静静、老老实实、心无旁骛地出作品。剧社自身坚持不媚俗市场、不讨好观众,在观众"想看的"和我们"想演的"之间找到平衡,在对话剧艺术的追求中锻炼心性意志和做人做事的格调。

三、工作成效

1. 演出场次、演出规模逐年增加

自建社以来,晨晖剧社共排演了《我爱桃花》《魔方》《虚拟爱情》《恋爱的犀牛》《人质》《寻找春柳社》《你好,打劫》《你好,疯子》《重返二十岁》《红玫瑰与白玫瑰》《原野》《富春山居疑案》等剧目,在校内外共计演出约40场,累计观众近万人次。

建社以来,晨晖剧社已在杭州图书馆、浙江工业大学、浙江中医药大学、浙江机电职业技术学院、浙江建设职业技术学院、杭州万达广场等多地进行巡演,并成功接演团市委《重返二十岁》话剧演出任务,成为市巡演队伍中唯一一支高职高专演出队伍。剧社导演齐泽皓同学以晨晖剧社为依托平台,成功当选为杭州市大学生话剧联盟副主席。

2. 社会及校园反响逐年扩大

晨晖剧社校内外巡演获得了社会的好评与新闻媒体的关注。2015年、2016年,《富阳日报》以整版的规模报道了话剧《你好,疯子》《红玫瑰与白玫瑰》等剧目的演出盛况,杭州网、华东在线、杭州图书馆官网等媒体对晨晖剧社的演出也给予了报道。剧社被杭州市学联授予杭州市大学生话剧节话剧巡演优秀组织奖,被《都市周报》评为杭州地区话剧培训最集中剧社之一。2017年话剧《原野》《富春山居疑案》得到网易新闻、腾讯网等媒体的关注。

图2-2　晨晖剧社演出的部分剧照

3. 剧社凝聚力、认同感逐年增强

晨晖剧社坚持以情动人、用剧说话,以话剧育人、用文化育人、用情感育人,坚持以话剧这种艺术形式促团结,树立学生对学校、学院和专业的认同感与集体凝聚力。在晨晖剧社的旗下,各个不同学院的学生为着演好话剧的共同目标走到一起,不计报酬、不计劳苦,甘做话剧背后的无私奉献者,他们以自己身为晨晖人自豪。部分实习同学听说剧社在外校演出的消息,纷纷从各地赶来观看演出,表现出话剧强大的感召力。从晨晖剧社走出的毕业生,一直以来通过各种形式支持、关心剧社的发展,继续为演出事宜尽心尽力。

（撰稿:孟庆东）

跑过风景,跑过你

我们深信健康是生活的出发点,也是教育的出发点。

——陶行知

张杰是学校 2016 级汽车电子技术专业的学生,他身材不高、皮肤黝黑,喜欢跑步,是从校园长跑成长起来的一名马拉松达人,谢列卫校长称他是"一个跑步的小'陶行知'",多次鼓励他知行合一带动更多的人参与跑步。如今他不仅自己积极参加学校阳光长跑、校园微型马拉松活动,还组建了跑步社团,带动身边的同学和老师一起跑步,享受健康生活。

张杰说,环校园的每次阳光长跑都是一次"跑过风景,跑过你"的旅行:跑在后山路上,旁边的花丛野草,总能让人体会到生命的力量;沿河而跑,湖水平静,总能让人心平气和,心如止水;跑过荷花池,看着袅袅的人工烟雾,如入仙境,顿觉神清气爽。"长期的阳光长跑,让我训练有素,取得很多成绩,在校运动会 5000 米比赛中获得了第一名,在学校第二届校园微型马拉松赛上获得了第一名;我还参加了校外的马拉松、光猪跑、越野跑等比赛。个子不高的我,通过坚持阳光长跑迸发出无限能量,我想这该是青春的样子。"

张杰说学校的阳光长跑系统很智能,每次跑完,通过手机客服端就能很清楚地知道自己跑了多少公里、配速是多少,大大提升了跑步的趣味性,使活动更加接近马拉松赛事,现在很多同学都喜欢并参与到了这项运动中。

张杰还有一份详细人生规划,当然也离不开跑步。上学期,张杰报名参加"我的跑步私人教练梦"在校职业生涯规划比赛,获得了一等奖。在课余时间,他会看一些关于跑步的书籍和论文,努力学习跑步的知识。暑假期间,他去了一家互联网体育公司实习,公司的所有人都是因为喜欢跑步聚在一起的,有获得过"杭马永久号"、杭马冠军等的跑步达人。张杰说:"能把兴趣爱好变成职业是一件很幸福的事。"

图 2 - 3　跑过美食广场和实训大楼

一、背景与理念

学生体质弱、运动习惯差、长跑效率低是当前各所学校普遍存在的问题,为能使85%以上的学校达到《国家学生体质健康标准》,使学生形成良好的锻炼习惯,教育部、国家体育总局、共青团中央 2006 年 12 月下发了《关于开展全国亿万学生阳光体育运动的通知》。从 2007 年开始,阳光长跑活动在各校大面积开展起来。从近年来浙江省各高职院校学生体质达标测试数据来看,阳光长跑活动效果并不很理想。影响学生达标的项目中,除了引体向上,主要就是长跑项目。2015 年上半年,浙江省教育厅对全省54 所本科高校(含独立学院)的大三学生和43 所高职高专院校的大二学生体质健康状况主要指标(5 项)进行了现场抽测。据对实测的19292 人数据显示,各院校 1000 米(男)/800 米(女)在所有抽测项目中的成绩均排名倒数第二。

陶行知先生说"健康的体魄"是教育首要的目标,"体育为德智二育之本","康健是生活的出发点,亦就是学校教育的出发点"。① 为了让学生走出寝室、走向操场,提高健康水平,杭州科技职业技术学院大力倡导陶行知体育健身思想理念,对学生进行体育健身教育,指导学生按照陶行知先生提出的诸如运动锻炼、卫生营养、预防诊断、劳逸结合等手段,进行科学又切实可行的体育锻炼;提高学生对健身、对"生活力"的认识,引导学生追求更加润泽、丰富、强健的体魄,度过更能抵御病痛、胜过困难,解决问题、担当责任的人生。

二、主要做法与特色

1. 针对学生心态精心设计阳光长跑活动

基于心理学的运动承诺理论框架和结构,结合流畅状态概念,探索学生阳光长跑的流畅状态与其锻炼承诺的关系;基于心理决策、个人因素和社会因素,构建学生阳光长跑活动干预模型,根据个人差异进行锻炼动机、自我效能和锻炼承诺的干预;基于调研部分学校和本校阳光长跑活动开展情况,在设计阳光长跑活动时,以学生为本,极大满足学生运动时间选择自由、运动强度调整科学、路线地点变化丰富、记分方式简单有效、长跑信息获取查询及时方便等的诉求,改变传统阳光长跑活动的单调枯燥,提升学生参加阳光长跑活动的积极性。

2. 智慧管理系统开发阳光长跑平台

学校运用"互联网+"的新思维,设计了基于"互联网+"的具有高可靠性、高智能性的阳光长跑云平台,在学生宿舍、陶研馆、教学楼等处安装了 10 台"阳光长跑智慧管理平台"无线终端,并建立了无线通信基站。"阳光长跑智慧管理系统"能实现数据压缩、丢包重发和故障报警,采用人脸识别技术判断是否本人刷卡,防止学生之间的持卡代刷;能结合体质测试的数据智能分析学生的体质状况,根据"BMI"指数分级评价学生长

---

① 　罗明:《陶行知文集》(上),江苏教育出版社 2008 年版,第 185 页。

跑成绩的标准,为不同人群的差异提供科学的参考评价依据。平台集大批量数据自动采集、运动监测、自动分析比对、运动处方实施、智能评估、运动环境实时监测等多种功能于一体,可提供多种途径查询长跑信息,如网页、手机 APP、微信等;体育教师和管理员可通过网页实时查看和下载长跑信息,可以按照二级学院、班级导出 Excel 格式的长跑活动记录表,改变了以往耗费人力、数据采集延迟,以及学生个体难以自主选择运动时间、空间、强度等方面的不足,实现了大型体育活动日常管理网络化、智能化、无纸化。

3. 构建阳光长跑有效的管理模式

学校从 2015 年 7 月开始启动全校阳光长跑工作,由军体部牵头,图信中心、公管处、保卫处、学生处、计财处、教务处及各二级学院配合实施开展。学校将长跑活动纳入体育课程一体化管理,制定了《杭州科技职业技术学院学生阳光长跑实施方案》及相关的管理条例,把阳光长跑对象设定为大一、大二两个年级;活动时间为每周一至周五的早上 6:30 至 8:00,下午 15:30 至 18:00;周六早上 6:30 至 8:00;周日下午 17:00 至 19:00,每周有 14 个开放时段可供学生随时选择。体育老师每次课上针对自己班级学生长跑情况进行指导与提醒,长跑成绩与体育课成绩挂钩,并纳入到学生体育素质拓展学分的考核标准之中。对于学校运动队的队员、下肢残疾或其他因病不能参加长跑的学生,或全学期学校安排实习、外出学习的学生可以申请免跑。

同时,学校分年级建立阳光长跑 QQ 群,及时听取学生意见并做出反馈。长跑时段配备学生志愿者执勤,增强监督效果并确保学生跑步过程中如遇意外能及时救援。学校每月评选"长跑之星",期末综合评定选出男女"阳光长跑十佳",在阳光长跑公告栏公示,学生处给予一定加分和奖励。

通过采取相关职能部门共同分工合作的阳光长跑管理机制,学校建立起了课内与课外相结合的群体健身锻炼模式和行之有效的科学管理模式,并打算把"阳光长跑智慧管理平台"推广到校运动队耐力训练、大二、大三学生的课外锻炼、教职工强身健体活动当中去。

三、工作成效

1. 学生体质明显提升

2015—2016学年第一学期的阳光长跑活动,高桥校区大一新生参与度极高,合格率高达95%。同年学生体质测试结果显示,学生速度耐力项较以往有所提高,2015级男生1000米测试及格率同比增长9个百分点,女生800米测试及格率同比增长2.53个百分点。2016年9月开始,阳光长跑活动的开展从一个年级推广至两个年级,参加人数与受益人数进一步扩大。

2. 形成校园品牌运动赛事

结合阳光长跑,学校于2016年3月和2017年3月,组织了全校微型马拉松比赛,参赛人数达到2100余人。每届都有学校领导参加领跑。校园"微马"这项运动赛事如今已经成为深受全校师生喜爱的大型经典活动。

图2-4 校长参与第二届微马开跑仪式

图 2 – 5　学生参加校园微马

3. 构建起可供推广的健康运动模式

我校实施的阳光长跑运动模式,利用信息技术实现对学生课余时间参加锻炼的有效管理,提高了学生参与锻炼的效率和质量,其统一、科学、灵活、高效、便捷的管理机制将逐步成为当前体育课堂的必要补充。

（撰稿:汪飞潮、刘育峰）

滴自己的汗,吃自己的饭

"滴自己的汗,吃自己的饭,自己的事情自己干,靠人、靠天、靠祖上,不算是好汉!"——陶行知

图2-6 校园工学岗位招聘会现场

赵楚艳,教育学院学前教育1506班的一名学生。她说她的大学有这样三条路:工学结合路、青春志愿路、成长收获路。每一条路上都记录着她的点滴成长。还记得那个金秋九月,学校刚发布校园工学岗位招聘会的通知,她就满怀热情地填报了学生处学生事务服务站的工作岗位。本以为小小的招聘会难不倒满怀豪情的自己,可人头攒动的招聘现场、认真严谨的面试老师还是让她不禁捏了一把汗,但她深知这是一次锻炼自己的绝佳机会,也很想为学校的发展、同学的进步贡献自己的绵薄之力,为

自己的大学生活增添一笔宝贵的财富。

她很幸运地被录用了。当第一次踏进学生事务服务站"上班"的那一刻,她感觉自己就像迈进了一个神圣的"殿堂"。她看见学姐耐心帮助不慎丢失学生证而满心着急的同学办理相关手续,着急的同学渐渐安下心来,连连感谢学姐的帮助。赵楚艳分明地感受到了服务他人的快乐,那一刻,她暗下决心一定要把这份工作做好,做一个像学姐那样能够为同学们排忧解难的优秀"员工"。

学生事务服务站是一个温暖有爱的大家庭,主要的服务项目是补办学生证及火车票优惠卡、大学生商业保险理赔、发布寻物启事及失物招领、数字杭科院密码重置、勤工助学咨询及报名等。刚开始工作,赵楚艳也遇到不少"小插曲",但最终都在学生同事们的帮助下顺利解决,工作状态也渐入佳境。工作中她学会了重时效、不拖延、勇担当,"选择一份工作就意味着承担一份责任,要做一行爱一行"。这份爱与责任不仅帮助她有效减轻父母的经济负担,也强化了自身自立自强的意识与坚持不懈的精神。

图2-7　赵楚艳在学生事务服务中心的工作现场

2016年及2017年,赵楚艳都被评为校"十大勤工助学之星"。这个认真勤恳的女孩,把工作中的刻苦与努力也一样用在学习上,顺利获得了教师资格证、声乐六级等证书,还多次获得国家励志奖学金、学校奖学金、"行知"单项奖学金等。"我会把我所学到的经验和体会,都教给学生事务服务站的学弟学妹,竭尽所能带出下一批更加优秀的'员工',把爱、责任和微笑传递给校园里的每一位师生。我也相信,愿做事、会做事的人一定会成功。"

城市建设学院建筑经济管理1402班学生俞勤文,是另一个在校内勤工俭学中成长起来的典型。因为家庭经济不宽裕,倔强的俞勤文在进校那天就给自己定下了一个小目标:大学这三年,要靠自己的双手赚学费,更要好好学习,凭自己的能力去改善家庭状况。入学两个月后,俞勤文在学长的启发下,与校园微信公众号"生存手册"合作,开起了"女生超市"。"隔四五天就要去城东市场进货,货品从一楼搬到六楼,再跑来跑去给大家送货,每天跑N层楼!"到了周末、寒暑假,俞勤文就去发传单、做小时工。

大二那年,踏实勤奋的俞勤文被学校招生就业处的老师看中,签下来做了部门的勤工助学生,"老师们很关心我,我在招生办感受到了家的温暖。这个'家'也支持了我很多学费",俞勤文掰着手指头兴奋地说,"我通过勤工助学已经赚了4200元工资,我实现了自己入学时的承诺,没问家里要过一分钱生活费!"

2016年度中国大学生自强之星提名奖、浙江省优秀毕业生、国家励志奖学金、杭州市教育系统优秀团员、"红船杯"浙江省第八届职业生涯规划与创业大赛二等奖、校第六届大学生职业生涯规划大赛创业组一等奖……从校内勤工俭学岗位上成长起来的俞勤文,回首三年大学生活,觉得最感激的就是得到了学校在自立意识培养上的指引与帮助,"也许最初只是想实现生活费自理这个小目标,但慢慢地,在接近目标的过程中,你会发现自己的能力大了一点,自己的目标也可以再大一点,然后再大一点。"

一、背景与理念

当前,不少高职学生存在动手能力不强、解决问题能力较差的情况,不能很好地适应社会与企业发展的需求,也从侧面反映了人才培养模式的种种问题。而职业教育的根本目标,在于培养高技能、高素质的创新型人才,既要保障理论知识的基础扎实,又要保障实践能力的突出。实践证明,工学结合对强化学生职业技能有很大帮助。它不仅有助于提升学生的职业技能,而且是实现新时期人才培养目标的有效渠道。为此,校党委书记傅勤最早提出了推出校内工学岗位的设想:学校是个小社会,开放校内岗位,让学生直接参与学校工作,既让学生了解学校和社会运行,也让校内各部门直接参与育人,这就是学校一直在践行的陶行知先生主张的生活教育,"高职办学讲究的是实打实的实践能力培养,先要让学生学会生存,然后才能更好地生活"。

2016年3月,"职场初体验"工学岗位项目正式推出。本着"立足校园、服务社会"的工作理念,项目不仅仅是"为贫困学生提供有偿劳动的机会缓解经济困难",而是与人才培养相结合,强调应用性和知识性的匹配,让学生在真实的环境中,有效地将理论知识和实际工作相联系,"学得实、学得会",更重要的是学会吃苦和坚持。学校倡导每位同学在校期间都要有勤工助学的工作经历,通过在校期间的工作实践体验,以工助学、以工促学、工学结合,培养劳动意识、强化劳动能力,进而提升职业素养和职业能力。

二、主要做法与特色

1. 改变用工形式与对象

学校工学岗位招聘改变了以往由老师、学院推荐为主的用工模式,直接采用专场招聘会的形式组织学生竞聘,从准备简历、现场面试到正式签约、挂牌上岗,整个过程都按市场招聘要求进行。此外,所有岗位由以往仅面向家庭经济困难的学生,变为面向学校全体学生,其中特困生和首次参加工学岗位应聘的学生将被优先录用。这就克服了以往一些家庭经济困难学生"等、靠、要"的思想,以及学生对勤工助学重要性认识不够,工作责任心、学习主动性不强等问题,促使他们"主动出击"。事实也充分证明,靠自己"应聘"竞争来的工作岗位,同学们会加倍珍惜,工作责任心也明显增强。

2. 提升岗位"技术"含量

以往传统的校内勤工助学多为体力型岗位,技术型岗位较少,总体上对学生的能力锻炼相对不足。改革之后,学校校内工学岗位不再局限于打扫卫生、帮助接接电话之类的工作,而是积极利用好校内外资源,注重发挥学生掌握知识和技能的优势,大力推进学生兼任教学助理、行政助理、辅导员助理等工作岗位的设置。同时,校产学研合作处收集、整理了我校创业园中各家公司的专业岗位招聘信息,也开放给校内学生竞聘,为学生顶岗实习、成功就业奠定良好的基础。在目前推出的岗位中,普适性强、适宜轮岗的岗位不再一枝独秀,需要特定专业知识背景的、技术含量较高的岗位数在每学期稳步提升。

3. 人员实行"轮换制"

工学岗位校园招聘会自 2016 年 3 月份起每学期举办一次,除个别用工部门的特殊岗位需报学生处同意外,其他各用工部门招聘的人员一律实行轮换制,即本学期招聘的人员不能与上学期重复。此举意在工作岗位相对变动不大的情况下,促使参与勤工助学工作的学生流动起来,以此扩大勤工助学的学生参与面,为更多的同学创造提升素质、锤炼技能的机会。

4. 过程监督和工作考核并重

学校根据实际情况不断完善学生勤工助学管理制度,强化工作纪律,规范工作流程,统一制作工作证、工时记录本等材料,让学生挂牌上岗,自加压力,接受领导、同事、学生的监督和所在部门的学期考核。此外,相关老师也会不定期对各二级学院和校内其他用工部门的教师指导情况、学生工作情况进行检查。还通过召开勤工助学师生座谈会、校"勤工助学之星"评选等方式,加强对工学岗位上工作学生的跟踪调查,通过工作考核奖勤罚懒、优胜劣汰,确保该项目持续健康发展。

三、工作成效

1. 促进学生励志成长

截至 2017 年 6 月,学校已成功举办三届校园工学岗位招聘会,累计为在校学生提供近 2000 个校内外工作岗位,报名参与活动近 5000 人次。"以工助学、以工促学、工学结合、励志成才"成为学校师生的共识,"以勤养德,以工长技,以助修身,以学明志"成为校园新风尚。

2. 增强学生社会能力

通过参与校园工学活动,同学们纠正了"参加勤工助学就是为了赚钱"的偏颇认识,注重将提高实践能力与掌握成才主动权相结合,主动积累社会知识、学习社交技能、增强维权意识;在选择岗位时,能够做到不盲目追求轻松舒适,而是从个人成长成才的角度寻找自己的人生价值坐标;逐步增强劳动观念,克服怕苦怕累、不思进取的懒惰思想,积极查找不足,补齐短板,既锻炼了个人能力与胆量,也提升了办公系统操作水平、工作业务水平,专业学习的目标更加明确。

3. 育人"合力"效果显著

以往对勤工助学学生的教育管理任务主要落在辅导员的身上,现在校内众多用工部门的老师都肩负起了这一职责。校内不少工学岗位的工作是比较辛苦的,如杭科院 E 邮站、实训基地保洁、学校仓库、食堂档口等,有的要求早起、晚归,有的工作时间长、强度大,有的甚至节假日还要加班。工作中通过老师和"同事"的严格要求和言传身教,学生能从更多人身上体会到劳动的辛苦、"挣钱"的不易、毅力的可贵,从而学会尊重和理解,懂得感恩和坚持。而校内各条战线的教职员工也都有机会成为"工作导师",参与到学校的育人工作中来。

4. 活动影响不断扩大

学校校园工学岗位招聘会开展三年后,吸引了更多学校创业园、富阳城区的用人单位慕名前来参加,对学校的"员工"素质普遍表示赞许,有不少企业、单位表达了长期合作的意愿。学校开展校内工学岗位育人活动的情况也被《杭州日报》专题报道,活动获得了校内广大师生和社会各界的一致好评,取得了较好的社会反响。

（撰稿:秦星）

香草，一场有温度的音乐节

"教育者所要创造的是真善美的活人"——陶行知

陈锴洋，2017届香草音乐节主要负责人之一，在回忆这场活动的时候感慨地说："当现场大家摇起手中的荧光棒轻轻合唱，我感觉大家不只是感动在歌声里，更是感动于彼此的师生情谊、同窗情谊和有大家陪伴的青春。"

图2-8　2017音乐节学生与教师合影

陈锴洋经历了整场香草音乐节的组织工作。刚接手工作的时候压力很大，他听说2016年的香草音乐节同学们冒雨参加，热情不减，这样一个为众人期待的品牌活动，可不能砸在自己手里。陈锴洋主要承担的工作是联系香草音乐节的教师歌手，"师生同台"一直是香草音乐节的传统，确定老师的名单和联系老师是陈锴洋的主要工作。作为学生，陈锴洋考虑得比较多。香草音乐节在晚上，在他名单里的老师都是年轻教师，孩子都还小,香草音乐节的活动时间又特别长,老师们参加完活动回到市区的家,就要 11 点了。所以陈锴洋在邀请老师之前就有点歉意。陈锴洋邀请的第一位老师就是教育学院的王金丹老师,她是香草音乐节的"常客",2014 年和 2015 年,都有王金丹老师的加盟。陈锴洋记得王金丹老师收到邀请的时候说的第一句话就是:真快,又是一年了,然后就爽快答应了。陈锴洋没有想到,邀请老师的过程那么顺利,王金丹、余云建、李佳明、宋兆辉老师纷纷欣然允诺加盟这场演出。到了音乐节现场,陈锴洋发现来了很多其他老师,特别是很多年轻老师,抱着自己的孩子,带着自己的爱人,就像来参加一个聚会。6 点半开始的音乐节,5 点就有学生和老师进场,操场顿时热闹起来,像是师生共庆的节日。

宋兆辉老师早早到了活动现场,他是两届香草音乐节的主持人,又热爱音乐,对香草音乐节的舞台有特殊的感情。2017 年的香草音乐节他是歌手,所以来得特别早,试试音,看看舞台。其实香草音乐节的舞台非常简单,就是操场上露天搭的一个台。李腾飞老师来得也特别早,他曾经两次登上香草的舞台,2017 年他带来了自己指导的"青年乐队",学生登台,李老师比自己上台还紧张,早早来帮乐队调音走台。

音乐一响,现场马上热闹起来,有人尖叫,有人走调,但是大家簇拥在一起,唱在一起,场面温暖。演出的高潮出现在王金丹老师登台的时候,她在现场说起和音乐节的渊源。她说她缺席了 2016 年的香草音乐节,就在音乐节的当天,她生下了儿子小满,时间转眼一年,今天又正好是小满的一周岁生日,这一天,王金丹老师在香草的舞台上,用一首《阳光路上》为自己的儿子庆生。

回忆 2017 年的香草音乐节,陈锴洋最感慨的还是这种和谐的师生关系。一场音乐节,让他觉得老师和自己一样,大家共同学习、生活在杭科院,老师和学生、同学和同学之间都是很真实的存在,非常温暖。

另一位学生姚子健,是 2017 年香草音乐节的主持人,他对这一场活动,有许多不同的感悟。和以往的主持不同,香草音乐节的主持人手里没有长篇的主持稿,只有一张节目单,姚子健需要脱稿即兴主持。姚子健坦言,主持经验有限,自己本身也比较内向,主持这类活动好有压力,"最怕的就是冷场"。写主持方案,看前几年香草音乐节的视频,参考其他综艺节目,请教校广播台的前辈,在广播台同伴们特别是台长郭继诚的鼎力相助下,姚子健事先准备了好多套方案,随时准备搞气氛,"觉得香草音乐节活动就是一堂实训课。"

一上台,姚子健的状态就有点高亢,现场的氛围被调动起来,但他的喉咙却哑了,声音被淹没在大家的呐喊中。姚子健每次下台的时候,就有广播台的同学为他递上矿泉水,台长郭继诚一直在台边给他提示,教他少说话,保持体力,保护嗓子。

进入大学快一年了,校广播台已经是姚子健的第二个课堂、第二个实训室、第二个家。每天在这里写稿子,播送节目,培训和准备,从一年前什么都不懂,到现在每个月都有主持任务,广播台让姚子健的胆子大了,普通话提升了,讲话更有条理了,组织、协调能力都有所提升。这次香草音乐节的主持,更让姚子健觉得自己有新的突破,"原来自己也是能够嗨起来的人"。大学不只是学习知识技能的过程,也是学习生活和发掘自我的过程。

图 2-9 2017 香草音乐节现场观众

据说香草音乐节的名字,跟阿汤哥的香草天空没有关系,跟屈原的香草美人传统也没有关系,"就是随兴取的"。率性而不枉费,随意而不随便,乘兴而行,兴尽而返,这就是青春时光。

一、背景与理念

"生活即教育"是陶行知先生最重要的教育思想之一,香草音乐节主要从"丰富校园生活,享受音乐真谛"的角度来诠释"生活即教育"的内涵。用什么样的生活,来培养"真善美的活人",这也是举办香草音乐节的初衷。香草音乐节始于2011年11月,到2017年5月共举办了5届。2011年11月22日的"伊始 留忆"方糖音乐节是香草音乐节的前身,自2014年以来,每年举办一届音乐节,参与学生越来越多,观看学生不断增加,活动成为生活教育的重要组成部分。

1. 树立师生平等的理念

香草音乐节和校园其他文化活动不同,没有特定的开幕仪式,没有固定的框架程序,倡导的是师生平等,无拘无束。爱好音乐的老师和学生各自准备演唱曲目,共同登台演出,在舞台上用音乐平等交流。有的歌手还会把自己的原创作品拿到舞台演出,与其他歌手和音乐爱好者切磋讨论。香草音乐节是一个符号,不管是老师还是学生,都以爱好为交集,用音乐表达他们对生活和青春的热爱,显露自己本真的一面。

2. 体现创造教育的思想

1943年陶行知在《创造宣言》中提出,创造教育的目标是要培养一种具有创造精神和创造能力的"真善美的活人",而陶行知所说的"真善美的活人"是指手脑双全的人,脑子要会想,双手要能去实践。香草音乐节从策划、舞台设计、歌手的原唱曲目选择到演出经费、剧务工作等都由学生自己安排落实,每年自己构想、自己创新,不断丰富、完善音乐节的内涵,通过组织一场大型的活动来锻炼和培养学生的创造能力。

3. 弘扬原创、本真精神

香草音乐节倡导的是原创和本真,鼓励学生自己确定每一届音乐节的主题、演出的形式和节目的组织方式。不管是不是刮风下雨,香草音乐节都在户外举行,让大家在一个完全开放的空间席地而坐,质朴、率性、不事雕琢。现场的演唱也不追求尽善尽美,观众和歌手可以轻松地互动。很多歌手愿意在香草音乐节的舞台上演唱自己的原创曲目,就算作品有瑕疵,依然能因为原创精神,因为本真的态度,获得歌手和观众的认可和共鸣。

二、主要做法与特色

1. 精心组织,培养学生社会能力

香草音乐节由校学生会牵头,其他各学生组织配合完成各项任务。如校社联的学生负责邀请学生歌手,外联部学生负责拉赞助,文艺部联系校外的演出公司,制定舞台方案。在活动组织的过程中,由学生会每周牵头召开会议,汇报进度、陈述问题,制定解决方案。在系列的音乐节组织活动中,学生的社会能力不断提升。

2. 设计主题,激发学生创造思维

香草音乐节每年根据音乐节内容确定主题,2014 年音乐节主题为"用音乐 HOLD 青春",2015 年主题为"2015 狂想曲",2016 年主题为"以爱之名",2017 年主题为"时间俱乐部",并每年选择一个主题色配合宣传。在学生自主的创造性思维下,香草音乐节主题生动活泼,舞台效果年轻多元,深受学生喜爱。

3. 形式多样,架起学生音乐桥梁

香草音乐节在音乐的形式上,从早期的个人独唱为主,慢慢融入乐器、乐队、对唱、小组唱等形式,逐步拓展了音乐节的内涵,舞台表现更加丰富,也更突出了香草音乐节以音乐为桥梁沟通年轻人思想的活动定位,让更多学生和老师愿意参与其中。在曲目内容的选取上坚持健康向上的

格调,突出学校团工作导向作用。

三、工作成效

香草音乐节经过多年的实践积累,已经成长为校内最受学生欢迎的大型品牌文化活动,每年演出场面火爆,成为学校的一道风景线。

香草音乐节用音乐为媒介,连接师生共同的理想,密切了师生情感,培养了学生策划、组织、执行、主持等社会能力,倡导了校园主旋律和以原创、本真为标志的可贵创造精神。每年的音乐节,至少有30余位学生,15位老师和5个学生乐队登台演出,全体学生干部参与其中,累计7000多名师生观看演出,是校内受众最广泛的品牌活动,也是学校实践陶行知生活教育思想的重要平台。

（撰稿:周俊炯、夏村、李常钰）

第3章　社会即学校

"社会即学校"是陶行知生活教育理论的基本内容之一,提倡学校教育敞开大门,为大众服务,学校与社会相互影响,共同进步。2016年,学校紧紧把握住了G20杭州峰会的历史性契机,组织会展、酒店管理等专业师生在服务保障G20杭州峰会的大平台上,锻炼专业能力,展示专业水准。利用浙江湘湖师范学校抗战时期流动办学的历史文化资源,组织师生开展"重走湘师路"活动,重温湘师文化,寻找湘师风采,传承了湘师办学精神。积极鼓励和支持学生走出校门,服务社会,通过开展科技文艺送下乡等特色活动,让青春和智慧在实践服务中闪光。学校与企业携手共建,合作育人,在校内共建了汽车工程技术应用中心等多个综合性实训基地,企业捐赠设备,深度参与育人工作,校园也成了一个看得见风景的职场窗口。

我们在 G20 主会场

"社会即学校"是与"生活即教育"紧密相联的,是"生活即教育"同一意义的不同说明,也是它的逻辑延伸与保证。因为生活教育的"生活"是社会生活,所以"整个社会的运动,就是教育的范围,不消谈什么联络而它的血脉是自然相通的"。——陶行知

图 3-1 会展专业师生服务 G20 杭州峰会合影

2017 年 9 月 4 日是杭州 G20 峰会一周年的日子,张苏豫在微信朋友圈中这样写道:弥足珍贵的记忆,永难忘怀的岁月。对他而言,G20 峰会不是一个单纯的国际会议名词,而是青春时分梦想的起点,是职业生涯开启的前奏与号角。

张苏豫记得一年前每天早上披星戴月赶班车的焦急,记得同宿舍兄弟睡了不足四个小时后发现没摘隐形眼镜的惊诧,记得自己摆放国宴青花瓷餐盘时的紧张,记得自己与白岩松错身而过的遗憾,记得班上同学困得睡在仓库里的疲劳辛苦。

"摆台翻台、保养瓷器、宴会服务,数十斤的餐桌台面要迅速更换,一手稳稳托举菜品几十分钟,汤汁都不能摇晃。为了确保端送餐点时的平稳,大家平时的训练要一次性端起盛有十个餐盘的托盘,很多女生在刚开始训练的时候手臂都瘀青了。"张苏豫还记得同学黄盈盈的"吐槽"——"最痛苦的不是让你动,而是站在那里一动都不能动。练站姿,腹部收紧,后脑勺、肩膀两侧、臀部、两膝之间、小腿肚、脚后跟全部紧贴墙壁,每个贴墙部位夹紧扑克牌站着,15 分钟,一动不能动。练正式站姿就要双手交叉放于小腹偏上方,5 个小时不能动,简直要疯。"

"我是学会展专业的,之前对服务峰会有很多完美想象,实际上,很多工作都是从很小的事情做起,琐碎、庞杂、体量巨大,有些女生因为工作忙不完都急哭了,想家,想学校,但凭借着顽强的毅力,所有人都挺了过来。"

张苏豫是所在班级的班长,也是学院服务峰会临时党支部的支部委员。在几个月的前期培训和准备中,他做到了上传下达,起到了沟通各方的枢纽作用。"同学有想不通的地方,我就去疏导;学校有任务,我就去分解;国际博览中心有工作,我就去完成。纵横交错的事情让人压力很大,可是身上的这点本事、这点能力也是这样子一点点强化起来的。毕竟能够进入 G20 峰会主会场核心区与全球多国领导人近距离接触,以这样的起点开启职业生涯,是我之前想也不敢想的事情。"

张苏豫说,转眼 G20 峰会满一周年了,同学们都不约而同地在微信上发了自己的感慨。时过境迁,再回头看峰会,满是怀念,大家一起为一个目标努力,特别温馨,"服务峰会时我就感觉到,搞会务工作挺符合自己的理想,自己也慢慢喜欢上了组织会议、筹备会议。现在我在北京的会务公司工作,这是 G20 给予我最宝贵的点拨。"

张苏豫是我校众多服务峰会的优秀学生代表,经过 G20 峰会的淬炼,学生们的收获是全方位的,不但专业技能得到了突飞猛进的提高,更重要的是他们从此拥有了一份冷静沉着的自信、处事不惊的大气和对美好职业生涯的憧憬。

"我在峰会上第一个服务的对象就是德国总理默克尔,不过给她倒茶的时候我一点儿都不紧张,训练好了,心里有底。"

"我在迎宾时普京就和我距离一米远,偶像啊,真想合影,不过想想自己的身份和职责,我还是保持微笑站好,咱是专业的,就得有专业的范儿,其实啊,心里早就'风起云涌'了。"

图3-2 澳大利亚总理马尔科姆·特恩布尔与我校学生合影(左上)

图3-3 西班牙首相马里亚诺·拉霍伊与我校学生合影(左下)

图3-4 土耳其总统雷杰普·塔伊普·埃尔多安与我校学生合影(右)

"觉得这么大场面的峰会都经历了,以后工作中再碰到点难题还怕什么!"

"学校的校门上刻着陶行知先生的四个大字,'爱满天下',我以前不太理解,现在我懂了,爱是要靠爱心去赢取的。"

一、背景与理念

陶行知先生提出"社会即学校",主张"学校与社会打成一片,办成开放的学校",配置有"经验,学术,教法合一"的师资,"利用职业界之设备",培养有"生利"能力的人,最终实现职业教育的宗旨和目的。秉承陶行知"社会即学校"办学理念,从办学伊始,学校就紧密结合区域发展,高度重视与行业龙头、知名企业建立合作关系,主动服务区域经济建设与行业转型升级,共同培育真正满足企业需求的高素质技术技能型人才。

在学校校企合作育人理念下,会展策划与管理专业对接杭州市打造"国际会议目的地城市""国际重要的旅游休闲中心"的城市发展战略,以会奖服务人才培养为特色,依托政行企校合作平台,进一步深化产教融合、实施现代学徒制,培养适应区域经济和社会发展需要,熟练掌握会展策划与管理基本理论和实践技能,具有会奖策划与服务特长,具备项目控制和团队管理能力,能够为活动策划与组织提供一站式解决方案,具备实践能力和创新意识的高素质技术技能人才。

会展专业以校企合作育人为手段,"双导师教学、双主体育人"为主线,探索"教学做合一"的教学方法。在课程体系设计上,以"三环节、四结合"为抓手,采取教师与师傅相结合、学生与职业人相结合、教室与会展场馆相结合、作品与产品相结合的"四结合"培养方式,把会展典型工作任务"融入"课程内容;通过多元化、层递式地展开理论课程实验项目→实训课程真实项目→全真项目,将创新、创业、创意融入实验、实训、实习"三环节"。

经过多年的实践与摸索,会展专业形成了"项目驱动,分层递进"的人才培养模式,与杭州国际博览中心、杭州国际会议中心、西博文化传播有限公司、杭州洲际酒店、杭州黄龙饭店等杭州区域内的几十家顶级会展中心、高星级酒店建立全方位的深度合作关系,共同制订培训方案、共同实施招生招工、共同开发教学资源、共同组织教育教学、共同评价教学成效，校企共同育人，将实践能力的培养放在了教学的重要位置，强调不论是学习知识，还是形成能力，都离不开学生的主体体验。

二、主要做法与特色

G20 杭州峰会是我国迄今为止主办的规模最大、级别最高的国际外交活动，顺利圆满地完成峰会筹备和服务保障，既是社会各界共同承担的一项重要政治任务，也是会展专业师生一次重大的教学实践。在学校的坚强领导下，在全体师生的大力支持下，以"G20 杭州峰会"为实践教学平台，2014 级会展专业 121 名学生以"学生"和"员工"的双重身份，直接参与峰会专业服务工作。杭州国际博览中心肯定道："杭州科技职业技术学院的积极参与和无私奉献，为企业、国家和民族赢得了荣誉，值得全国人民骄傲和自豪。"

1. 领导重视，做好教学运行保障动员

2016 年 6 月 21 日，学校举行了隆重的"青春绽放 G20"学生服务团出征仪式，欢送 217 名学生前往各工作点服务杭州 G20 峰会。其中，会展专业 121 位学生于当天前往峰会主会场进行实地演练和分岗实习。为了给学生服务团加油鼓劲，学校专门组织了"校长请我喝杯茶"——服务 G20 专题活动，校长谢列卫和 8 名学生服务团代表面对面地进行了交流；活动还特意邀请了国家会议中心总经理、杭州国际博览中心总经理刘海莹和杭州洲际酒店总经理 Frankson Lee 一同参加。"希望同学们发挥专业优势，弘扬志愿服务精神，为峰会提供细致周到的服务。"校长谢列卫殷殷嘱托道："G20 峰会是高端的国际性会议，参与峰会服务也是同学们对接行业，学习先进思想、理念的机会。同学们要充分利用这一机会，积累经验，盘活平常所学知识，提升动手能力。"

7 月至 8 月的 G20 杭州峰会实训期，何树贵副校长率领旅游学院、职能部门领导两次赴杭州国际博览中心详细了解了同学们的实习培训与生活情况,勉励大家认真学习,刻苦训练,以优雅靓丽的形象、准确流利的语言、熟练扎实的技能做好 G20 峰会的服务工作,并积极向世界各地的友人传播杭州文化,讲好中国故事。

2. 引进高规格教学标准,校企合作制定教学实施方案

学校与杭州国际博览中心共同制定服务"G20 杭州峰会"实践教学方案,将"最高标准、最快速度、最实作风、最佳效果"的办会标准引入课堂。根据基础能力→岗位专项能力→岗位综合能力分层递进原则组织教学:4—5 月,学生在校内集中进行国际会议理论及基本技能培训;6—7月,进入峰会主会场在"元首接待""媒体服务""住宿与交通安排""供应商管理"等 7 大核心岗位进行专项技能轮训;8—9 月,根据学生能力、特长、性格和兴趣分配岗位,实岗培育学生综合技能。

图 3 - 5　会展教学团队研讨服务 G20 教学计划

校企双方共建导师团队,实现双师共育共管。在 G20 杭州峰会实训教学的 120 天内,做到每天有专任教师对接企业师傅做好实训培训,在学生入驻场馆后教师轮班值勤,及时了解学生心理动态,帮助学生解决生活、实习中遇到的难题;理实一体,给予学生实习指导,结合场馆实际进行学业传授。期间,周晓音老师曾陪伴生病住院学生三天两夜,坚守岗位职

责,树立了良好的共产党员教育工作者的形象。

3. 成立临时党支部,发挥党员带头作用

服务 G20 峰会,党员要先行。2016 年 7 月 2 日,旅游学院服务 G20 峰会奥体中心实习学生临时党支部正式成立,旅游学院朱宝宏书记要求学生党员和骨干学生必须要坚定信念,严守纪律,并发挥好示范带头作用。在临时党支部的带领下,党员学生、入党积极分子成为服务 G20 峰会的中流砥柱,带领同学们将实习与党建学习相结合,实习促进步,积极学习奥体中心先进的管理服务理念,进一步提升自身的综合素养和专业能力。

4. 形成项目驱动、分层递进的高职人才培养新模式

"服务保障 G20 杭州峰会"实践教学活动是"项目驱动,分层递进"人才培养模式和现代学徒制理念的落地。会展专业将该实训纳入会议运营教学模块,在教学指导思想、教学内容设计、学生组织、教学方式选用、师资培训、教学设施管理、教学评价等方面,与杭州国际博览中心共同进行大量的准备与管理工作。实训教学过程中,采用最高国际会议工作标准作为教学标准,将"会场设计与布置""嘉宾服务""媒体服务""住宿与交通安排""餐饮安排""安全管理"6 个技能子模块项目化,对接 G20 杭州峰会的元首接待、高官接待、媒体服务、酒店服务、物资管理、安全管理、供应商管理等工作。项目教学遵循学生能力的层次递进、螺旋上升原则,校内外教师合作,先在校内完成 1 个月的理论教学,再将课堂从教室延伸到峰会主会场,由校内指导教师与来自杭州国际博览中心、首都机场、钓鱼台国宾馆的企业导师共同指导学生完成 3 个月的技能训练。教学评价上采取校内教师与企业导师双评价的方式。

三、工作成效

1. 峰会服务工作得到了上级肯定

2016 年 9 月 30 日,浙江省委常委、杭州市委书记赵一德给我校参与

G20 峰会主会场服务的全体同学写来了一封回信,对同学们参与 G20 峰会主会场专业服务工作给予了高度肯定,"在峰会举办期间,同学们精优服务,沉稳端庄、自信大气喜迎朋宾,一丝不苟、精益求精严谨处事,充分展现了当代莘莘学子的青春风采和报国情怀,展现了"90 后"的担当、顽强和奉献!"他希望同学们能把服务保障 G20 峰会的经历,转化为继续前行的不竭动力,珍惜韶华、勤奋学习、踏实工作,做一个有梦的人、有爱的人、有用的人,用知识和技能服务杭州发展,用勤劳和智慧抒写美好人生。

杭州市陈红英副市长对我校学生专业服务 G20 工作信息专报做出专门批示:"杭科职院在峰会服务中的良好展现,是近几年,学校坚持产教融合办学、校企合作的成果,望认真总结,再出新成果。"

2. 扩大了我校的知名度与社会影响力

服务 G20 对学校而言意义重大、影响深远。学校因出色完成 G20 服务工作荣获杭州市服务保障杭州 G20 峰会工作先进集体荣誉称号;作为杭州洲际酒店(杭州国际会议中心)服务 B20 峰会的主要合作院校之一,学校受邀参加酒店举办的"B20 峰会杭州洲际酒店员工答谢会",杭州国际会议中心总经理、钱投集团 G20 工作部部长陈晓女士在答谢会上赠予谢列卫校长"B20 保障优秀合作院校"的牌匾;学校还受邀参加第十八届西博会 G20 杭州峰会主题文化展;《杭州日报》《浙江教育报》、杭州电视台等媒体都对学校服务峰会工作进行了专题报道,进一步扩大了学校的美誉度与知名度。

3. 成立杭州国际博览学院

与杭州国际博览中心、杭州洲际酒店等单位的合作深化了学校校企合作的内涵,在此基础上,学校与杭州国际博览中心共同组建了杭州国际博览学院,形成企业和学校的育人共同体,实现人才培养和人才使用的有效对接。杭州国际博览学院将以杭科院旅游学院为核心,辐射工商学院、艺术设计学院、城市建设学院等多个学院的相关专业。其中,旅游学院会展策划与管理、酒店管理和旅行社经营管理三个专业与杭州国际博览中心在人才培养、师资提升、基地建设、综合服务等方面进行全方位合作,培育会展、会议与奖励旅游服务类的高素质技术人才,服务杭州"建设全球知名的国际会议目的地"、成为"中国首选会奖旅游示范城市"的发展目标。杭州国际博览学院将在校企的共同努力下,建设成为省内同类高职院校知名的以会议与奖励旅游服务为特色的校企共建二级学院,成为会展行业校企合作的示范标杆。

(撰稿:孟庆东、蒋龙成)

重走湘师路

到处是生活,即到处是教育;社会是生活的场所,亦即教育之场所。因此,我们又可以说"社会即学校"。——陶行知

2015年学校首次推出了"重走湘师路"暑期实践活动,由教育学院学生作为主要参与对象,通过寻访抗日战争时期的"烽火湘师路",重温和践行湘师思想,开启对中国教育精神的文化回溯。

郎晨洁,杭州科技职业技术学院教育学院2016届学前教育专业毕业生,是首届"重走湘师路"活动的队员之一。她是杭州人,从小生活在物质条件丰富的家庭里,报名参加那次活动最初是本着锻炼一下自己,培养吃苦耐劳品质的想法。她回忆说:"之前在视频中看到湘湖师范在景宁道化办学时蜗居在一户姓韦的村民家中,对先辈们艰苦的居住条件已有所感受,但亲自来到韦家大房子后,我还是吃了一惊。"在道化,她听韦家大房子的主人介绍,当时大房子总共分成了两部分,下面一层是吃饭和学习的地方,上面一层是学生宿舍。有的房间至今还留有当时贴在墙壁上的床位号。由于条件很艰苦,最紧张的时候一个6平方米的房间要住8个学生。因为空间有限,他们只用最简单的被褥,甚至连床板都省掉了。白天,大房子的一楼会摆出很多桌椅,湘湖师范的师生就在这里授课学习,每到傍晚则有许多妇女儿童来这里上夜学。晚上师生们会收起桌椅,腾出位置,表演抗日话剧,宣传抗日知识。这种夜以继日甚至可以说是苦中作乐的办学方式,让来到这里重温湘师流亡办学历史的郎晨洁受到了很大的震撼。

在韦家大房子郎晨洁见到了一位白发苍苍的老爷爷。老爷爷是当年在这里上过夜学的学生,也是一名抗战老兵。老爷爷激动不已地讲述着

当年他是如何在湘师学生的帮助下识字,又是如何受湘师师生的感召而参加抗日的。郎晨洁把老爷爷说的话——记录了下来,并且号召小分队成员为这位爷爷表演自编自导的抗战话剧。小分队的成员在表演中虽然有点害羞,但是以新湘师人的身份在老校友扎根过的地方,表演同一主题的话剧,也是对先师校友的一种致敬吧。

赵璐也是一名2016届学前教育专业的毕业生,她是参与"重走湘师路"活动的主要学生干部。赵璐在来景宁之前就已经通过查阅资料,了解了湘师流亡办学在景宁道化时那段粮食匮乏、生活艰苦的的岁月。资料记载,那时候师生们缺乏口粮,只能以野菜、稀汤为主食。金海观校长的夫人看在眼里,疼在心里,她把家里仅有的一点黄豆拿出来,亲自磨豆腐给学生吃。金师母与学生们之间的这份朴实的师生情深深地打动了赵璐。

来到景宁之后,赵璐提议小分队成员一起到村民家亲自体验一下做豆腐的过程。推石磨、磨豆腐,小分队成员谁都不会,任凭赵璐们左推右推,磨盘始终纹丝不动。还好在热情的村民爷爷、村民奶奶的轮流示范下,小分队成员们领悟了磨豆腐的要领,终于搞定了这个"难搞的磨盘"。赵璐说,磨豆腐虽然辛苦,但是做成一件事心里很充实,"对于女生来说,磨豆腐这种体力活很不好做,当年的金师母太不容易了"。

亲眼见,亲耳闻,湘湖师范苦硬、实干、研究、进取、注重情谊的精神,就这样深刻地被同学们理解和认同。

一、背景与理念

1928年10月,浙江省立湘湖师范学校创建,她是陶行知先生继南京晓庄师范之后又一践行乡村教育思想的基地,被誉为"浙江的晓庄"。1937年11月,由于萧山的抗战形势越来越严峻,为了保护学生,也为了不让战时教育中断,时任校长的金海观毅然率领全校师生南迁,坚持流亡办学,一路宣传抗日,一路向闭塞的乡村普及文化知识。抗战期间,他们七迁校址,辗转义乌、松阳、庆元、新窑(包括福建松溪的分部)、景宁等地。在流亡办学中形成了——苦硬、实干、研究、进取、注重情谊①的湘师精神,时至今日仍然被人们铭记。这一段点燃民众抗日救亡之火的历程,也成了湘湖师范办学历史上最闪亮的篇章。

湘湖师范拥有近百年的历史,文化底蕴深厚,在抗日战争期间南迁办学,在困境中发展壮大,这段历史具有十分重要的学习探究价值。2009年,湘湖师范并入杭州科技职业技术学院。合校以后,学校以陶行知的"爱满天下"教育箴言作为学校精神,重视湘师文化精神传承。自2015年起,学校开展"重走湘师路"暑期社会实践活动,主题为重温湘师文化,践行陶行知思想,传承湘师精神,活动的理念有以下4个方面:

1. 丰富人生阅历,增加社会知识

"到处是生活,即到处是教育;社会是生活的场所,亦即教育之场所。因此,可以说'社会即学校'。"②社会实践作为符合现代教育理念的育人方式,对于引导学生认识、关注、服务社会,增长才干具有不可替代的作用。同时,社会实践也是连接学校和社会之间的桥梁,有利于学生们更好地完成从学生到社会人的跨越。"重走湘师路"暑期社会实践活动以"寻访湘师抗战流亡办学遗迹,展现新时代师范生风采"为主题,旨在让学生接触并了解学校之外的世界,增加社会阅历,提高生存技能。

2. 弘扬行知文化,寻根湘师精神

湘湖师范的前两任校长操振球和方与严都是陶行知的学生。他们在任校长期间,始终践行陶行知"生活即教育,教育即生活,教学做合一"的教育观,因此湘师一开始就打上了陶行知教育理念的烙印。第六任校长金海观也是陶行知的学生,任职长达25年。在抗战时期,他率领湘师师生辗转七地办学,同时大力发展乡村教育,宣传抗日,提倡校内民主,带领湘师在现代中国师范教育史上写下了浓墨重彩的一笔。而今,学校开展

---

① 《湘湖通讯》,1942年第16期,第9页。

② 《陶行知全集》(第3卷),四川教育出版社1991年版,第206页。

"重走湘师路",旨在以教育前辈实践陶行知教育思想的鲜活行动为范本,感受激励一代代湘师人的湘师精神。

3. 缅怀先师校友,重温奋斗征程

当年的湘师南迁,对于浙南山区文化事业的开拓、群众抗战意志的激励起到了积极作用。学校在"重走湘师路"活动中大量走访湘师校友,通过他们的讲述和介绍,重温那段艰苦奋斗、努力办学的岁月,体会湘师校友情谊。

4. 砥砺奋斗意志,传承湘师精神

"真教育是心心相印的活动。唯独从心里出发来的,才能达到心的深处。"①教育的本质就是育人,培养德才兼备的人才是学校的使命。通过开展有意义的活动,可以净化学生的心灵,让学生在实践中得到历练。通过"重走湘师路"活动,帮助学生在精神上得到升华,增强艰苦奋斗的意志,同时将行知文化、湘师精神传递下去。

二、主要做法与特色

这几年的"重走湘师路"暑期实践活动沿着不同的路线和主题开展,遵循"从整体到部分,从全貌到细节"的指导思想。2015年的路线为萧山——寻根湘师旧址,松阳古市——铸就湘师辉煌,景宁道化——湘师休养生息,再返萧山——围绕百年大樟树唱响湘师校歌。而2016年的暑假实践主要深入松阳一带,走访村民,寻找校友,查阅当地历史记载史料,深入挖掘湘师文化。2017年走入大山深处的景宁,寻找当年上过湘师夜学的村民,寻找"教育的DNA",了解当地风俗民情等。

学校高度重视对湘师文化的保护和传承,把湘师精神和湘师文化列入新生入学教育的一个重要内容,每次"重走湘师路"暑期实践活动的内容也都精心安排。确定每年重走湘师路的主题,招募小分队成员;参观陶

---

① 《陶行知全集》(第2卷),四川教育出版社1991年版,第363页。

图3-6 小分队成员手拉手围着百年大樟树

研馆,让学生了解学校历史发展文脉,并观看湘师南迁纪录片,加深对湘师文化的了解,为重走湘师路做好知识储备。

带队老师负责活动方案设计,明确学生具体工作,同时进行安全知识教育,做好处理应急突发情况的准备。到达目的地后,实行带队老师统筹小组长协助的分级管理制度。成立学生后勤部和宣传部,做好后勤保障与宣传联络工作。晚上带队老师和小组长开会总结当天工作,安排次日行程。

通过几年的摸索,在寻根湘师精神,重温湘师之魂的道路上,形成了一些特色做法:

1. 积极开办民校,重塑湘师品牌

湘湖师范注重推行基本教育。办民校,成为湘师烽火路上的一道亮丽风景。学校在松阳的4年,累计共办97期,学生4480人。

"重走湘师路"暑期实践活动以兴趣小组的形式开办民校。一个露天小广场就是他们的教室,几张圆桌、几条长板凳就是他们的课桌椅,村民们和孩子都是教学对象,不分性别,不论年龄。开办了舞蹈、合唱、美术等特色课程,村民和孩子一起学习折纸、画画、唱歌,整个场面其乐融融。

图3-7 小分队成员们和孩子一起画画　图3-8 根据原湘湖师范的农艺课，
大家学习采茶

2. 重温战时课程，体验特色教育

在流亡办学期间，即使身在异乡，条件艰苦，金校长也不曾放弃对人才的培养。他们迎难而上，结合当地实际，创新出农艺课、通史课、爬山课，作为对特殊时期课程体系的一个补充。"重走湘师路"暑期实践活动尝试"还原"了一些当年的特色课程。

小分队成员帮助当地村民做农活，在茶园里虚心向采茶老人请教采茶方法。小分队成员们一边采茶，一边唱起湘师校歌；一边爬山，一边听茶农讲述湘师历史，将金海观老校长倡导的"爬山课"与"通史课"相结合，用亲身经历向老湘师传统致敬，细细品味湘师精神这杯香茗。

3. 寻访先辈校友，接受历史教育

湘师流亡办学的8年期间，培养了大批浙南学子。他们扎根浙南教育，为乡村教育事业奉献自己的力量。经历过烽火战争年代的老校友，而今已是耄耋之年，寻找他们是新一代湘师人的责任。寻访过程中，学生看、听、记、思考，上了一堂生动的历

图3-9 湘师老校友叶书先生

史文化教育课。

4. 关爱空巢老人,行动传递爱心

当地每个村都有很多空巢老人,年龄都在七八十岁,有些老人家人常年在外打工,有些属于孤寡老人靠吃低保维持生活,常年吃不到肉。"重走湘师路"活动把关爱空巢老人作为重要的社会实践内容,组织小分队成员尽自己的力量为老人做一点实事。自愿捐献零用钱,到老人家里为老人们做一顿晚饭,陪老人说说话、聊聊天,在活动结束之后,也一直与老人保持联系,让湘师的爱一直延续和传承下去。

三、工作成效

1. 锻炼了学生实践能力,提高了学生综合素质

"重走湘师路"暑期社会实践活动让更多的学生参与到体验、宣传湘师文化的队伍中。通过实践让学生了解湘师文化,弘扬湘师精神,通过亲力亲为,培养起独立处理事情的能力。学生在认识社会的同时也受到了精神上的洗礼以及思想上的熏陶,培养起愿意从事乡村教育工作的担当精神,对于大学生养成正确的人生观和价值观具有积极的意义。

2. 加强了政府和村民对湘师文化和湘师精神的保护和传承

在流亡办学的 8 年中,湘师培养了大批浙南学子。这些先辈校友也为祖国的教育事业贡献了自己的力量。当年湘师所到办学之地,开办夜学,服务当地教育的同时也宣传抗日,在湘师当时的学生中,有三分之一的学生后来奔赴了抗日战场。在当年曾经办学的地方,湘师留下的历史文化和精神广为流传。

"重走湘师路"活动密切了学校与各地政府的联系,在学校的倡导下,各地政府都表示出将湘师文化做成地方性文化特色的愿望。湘师当年办学的广因寺、韦家大房子、中峰寺等建筑都有历史意义,当地政府表示将和学校一起努力,做好历史古迹的保护和对湘师办学历史的挖掘和整理,共同打造湘师文化地方品牌。

3. 重视湘师文化教育,扩大了学校的社会影响力

学校开展的"重走湘师路"活动已经有了一定的社会影响力,受到了多家报社和电视台的宣传和报道。通过媒体平台,让更多的人了解湘师文化,对提升学校社会知名度也具有非常积极的作用。

湘师精神和湘师文化影响了一代代湘师人。作为新时代的杭科院大学生,要接过弘扬湘师文化的接力棒,把延续湘师精神作为爱校教育的一个重要目标。百年湘师精神是一份宝贵的精神财富,是值得深入挖掘、深入学习的。通过与时代发展相结合,传统的湘师精神定能够焕发出新的生机,孕育出更加强大的力量。

（撰稿:王春燕、熊宗武）

让青春和智慧在实践服务中闪光

学校即社会,就好像把一只活泼的小鸟从天空里捉来关在笼里一样。他要以一个小的学校去把社会上所有的一切东西都吸收进来,所以容易弄假。社会即学校则不然,他是要把笼中的小鸟放到天空中去,使他能任意翱翔,是要把学校的一切伸张到大自然里去。——陶行知

2011年正值建党90周年,杭科院信息工程学院在组织庆祝建党90周年系列活动时,其中一个将科技、文艺和科普融为一体的暑期社会实践活动得到了当地居民的热捧,因为效果好还被富阳电视台报道。学校一方面为活动效果好感到兴奋,另一方面也在思考如何能让这种效果持续化和扩大化。后来,这个科技文艺科普"三下乡"活动被命名为"科技文化传播站",成了学校服务地方的平台。

周琦是计算机信息管理(网络商务)1302班的学生,曾任学院社团联合会主席,也是计算机应用技术(信息管理)专业的专业社团雏雁工作室的顶梁柱。在学院社联任职期间,周琦每两周都要召集参加科技服务站的同学们走出校门为当地居民服务一次。他接触这个项目的时候,项目已经运行了两年,有一定基础,已立项为校首批校园文化品牌。但是在项目运作过程中,"科技感"一直是项目的软肋,因此学校把负责科技服务的同学们编为统一的小队,在前几年服务活动的基础上于2013年初成立了"科技服务站",作为"科技文化传播站"的子项目,以便为地方居民提供长期稳定的科技服务。这个团队的成员都和周琦一样,是信息工程学院各个专业社团的骨干,一帮"好汉"聚到一起,团队的实力自然不言而喻。

服务站的第一个挂牌地是富阳的洪庄村。周琦组织团队成员一部分

按照计划进行服务,另一部分走家串户对服务地居民的需求进行走访统计。几次前期调研下来,结合专业社团的技术专长,周琦团队决定将电脑安装与维修、小家电维修、免费拍照、淘宝购物指导和代购等确立为科技服务站的主要服务内容。每次活动前,洪庄村的大喇叭都会提前一天提醒村民:明天杭科院的学生免费来为大家提供服务,可以修电脑、小家电,可以拍全家福、证件照,可以网上购物。每当有村民慕名而来,满意而归时,周琦就觉得自己"特别有存在感"。个人能力经过社会的历练越发强大,个人价值也在社会锻炼中得到发挥和认可。

2014年服务站接了个大项目,辅助学院专业教师对富阳市水库移民进行电子商务培训,周琦既紧张又兴奋。这个项目是信息工程学院受富阳移民局委托,开展的"送教下乡——农村电子商务"专题培训工作。周琦和其他科技服务站的同学协助老师一起辅导学员学习。经过半年时间,新登镇九儿村、潘堰村、马弓村、双庙村、长垄村、半山村、仙里村等7个行政村完成了相关培训工作,各村开设了流动课堂,为广大村民普及计算机及电子商务知识,累计培训学员250余人。新登镇马弓村学员丁金才一直在家种植辣椒,却一直苦于找不到销售渠道,培训后丁金才勇敢"触网",开起了网店。"能帮村民实实在在做一些创富的事情,感觉自己从一名学生化身成了老师,像陶行知先生所说的'小先生'",周琦在参加完这次培训活动后说,用自己学会的知识去帮助别人的感觉,特别爽。

周琦现在已经在杭州地铁工作近两年,每次回忆起这段日子,他总是说组织对外的科技服务很有压力,总觉得走出校园他就代表学校,怕哪里做得不好会影响学校声誉。其实正是这些默默付出的同学让学校周边的居民更了解学校,更加认可学校。而周琦自己在科技服务站中的经历也让他将责任意识和服务理念植根于心,一次次带领创业团队攻坚克难,在大学期间获得浙江省电子商务大赛二等奖、第四届中国杭州大学生创业大赛总决赛三等奖等8项创新创业类的奖项。除了周琦,其他参加过科技服务站的同学通过经常性地为学校周边群众提供专业服务,专业技能也得到不同程度的提升,不仅成为社团骨干,也成为参加技能竞赛的主力军。

　　铁打的科技服务站,流水的成员,流动的主题。2017 年年初在省委省政府"五水共治"的号召下,科技服务站助力富阳团区委五水共治,利用骨干队员在电子研发和设计方面的特长监测学校附近水体水质,向周边居民传播"五水共治"的理念和具体做法。团队成员在变,周边居民的诉求在变,但用知识服务地方社会的理念没有变。社会就是个大学堂,知识的习得与知识的运用本来就是个"行知行"的过程,用所学服务大众,正符合陶行知先生倡导职业教育"生利利群"的本意。

图 3－10　科技服务站进入富阳乡村

一、背景与理念

　　校园是学生成长成才的场所,校园文化具有重要的育人功能。高职校园文化建设因高职院校人才培养目标的定位要求,必须着眼于高职学生职业素养和职业技能的提升,同时也要"开门办学",培养地方社会真正需要的高职人才。为提升在校大学生社会实践的"含金量",提高大学生服务地方社会的能力,2011 年学校信息工程学院在原有的"科技文艺送下乡"社会实践活动基础上,升级创立了"科技文化传播站"校园文化

品牌,确立了项目发展的理念:

1. 培养高素质技能型人才

以社团建设为契机和抓手,通过送科技、科普、文艺知识和服务下乡、进部队、进社区等方式与学校所在地周边的地方政府部门、基层村委和社区、民营企业进行合作,形成科技、科普和文艺三位一体的社会实践平台,为学生提供锻炼自身专业能力,提高专业素质和职业素养的空间,助力学校"高素质技能型人才"培养的目标实现。

2. 激发责任感培养团队精神

在对外联络举办活动的过程中,在举办高质量活动的基础上,宣传学校专业,提升学校知名度,激发学生爱校荣校的荣誉感和责任感,培养学生的团队精神。

3. 发挥高校服务地方建设的作用

在塑造品牌的过程中,通过调研、走访等方式了解当地政府、群众和同学的真实需求,使活动能为当地社会提供"真服务",使参加活动的同学能在社会实践中学到"真本领"。

二、主要做法与特色

1. 精心组织筹备,教师主导和学生主体相结合

学校作为活动组织者,主要负责品牌总体策划和方案的组织实施,如制定活动方案、下达实施意见、与合作单位取得联系,掌控整个项目的进度。辅导员教师和专业教师作为子活动的负责人指导学生进行具体策划和实施。学校把"科技文艺送下乡"活动的参与人员分为网商组、维修组、拍摄组、宣传组、节目组、后勤组等,进行项目式管理。从组织开展科技展览、文艺表演活动,到组建三个科技服务站、合作开展文艺表演,学生在老师的指导下获得了快速成长,树立起强烈的主人翁意识,把自己的实践和服务的效果与学校声誉紧密联系在一起。

2. 重视内外联动,实现资源整合

"妇女组织和文艺团队协助演出,当地政府宣传联络,基层党支部筹款搭台,民营企业赞助资金"的运行模式是"科技文化传播站"的一大特色。该活动的服务人群在校外周边地区,所以一定要取得当地相关单位的支持,活动才能达到更好的效果。在开展科技文艺传播活动的过程中,每场表演的场地都是当地村委、单位提供的;科技服务站中对移民村民进行免费网上开店培训的项目是由我校与富阳移民局合作开展的;在反邪教宣传中,当地科协、反邪教协会给予了学校大力支持。正是因为实现了校内外联动、资源整合,才保证了实践活动的质量。

3. 做好总结反馈,不断创新活动

"科技文化传播站"是一个"全年无休"的活动,它涵盖了对外科技服务、文艺演出、科普反邪活动等。在活动开展初期,学校将重点放在"文艺"方面。随着不断的发展和实践,学校对活动定位进行了调整,把建设重心从"文艺"转到"科技"上来,在高桥镇洪庄村、新登镇和洞桥镇洞桥村先后成立了三个科技服务站。这些站点以学校科技特色为支柱,以学校相关专业师生为智力资源,为当地村民提供长期、固定的精准服务。这不仅满足了当地群众的需求,同时也提升了参与服务学生的专业素质和服务意识。

图 3-11 "e修哥"义务维修活动

经过六年的建设与发展,"科技文化传播站"已逐步形成了五大特色:

一是团学建设和校地合作相融合,即与学校所在的高桥镇及其所属多个村委会开展合作,形成"以学生党员和团学会为主体,妇女组织和文艺团队协助演出,当地政府宣传联络,基层党支部筹款搭台,民营企业赞助资金"的运行模式。

二是专业实践和社会服务相融合,即学生利用课堂中学到的知识和技能服务村民和社会,促进个人专业技能的提升。

三是社会实践和社会服务相融合,即通过加强专业社团建设为品牌建设提供长期有力的技术模式及技术骨干支持,使学生在品牌搭建的平台中学有所用,在持续的服务中增加实战经验,不断提高个人综合素质。

四是校园文化与异质文化相融合,即在活动过程中与村庄、单位、团体等紧密联系,不同特质文化的交流也让学生开拓了眼界。

五是科技服务与文艺表演相融合,即借助文艺演出能够吸引大量人群的便利,项目组随文艺表演同期开展电子产品展示、网络技术服务、淘宝购物指导、小型家电维修、科普知识展览、反邪教宣传等一系列与专业和社会需求结合紧密的志愿服务活动。

三、工作成效

1. 品牌建设渠道不断拓宽

通过建设,本项目从开始单一的与村镇合作转变为与村镇、社会团体、部队和企业进行合作,目前已经合作过的单位和组织有笕桥某部队、富阳政协、富阳团市委、富阳滴水公益、高桥镇、洞桥镇、富春三桥小学、富春四小等。

2. 提升了学校的社会知名度和美誉度

本项目运作伊始就得到了富阳电视台的关注和报道。在项目不断推进的过程中,富阳电视台、富阳日报、绍兴等媒体对项目新动向都给予了关注和报道,这对提升学校知名度和美誉度具有积极作用。

图3-12　赴部队演出

3. 文化育人成果显著,学生素质得到提高

通过参与品牌建设,同学们整体素质和职业素养均得到不同程度的提升。如电商培训组的谷飞棚同学获得过多项省级创新创业比赛一等奖,负责维修小家电的电子创新社团的同学在省电子设计制作大赛中每年均有收获,负责拍摄项目的柠檬社团每年在省多媒体大赛上都会斩获多个奖项,由学生主笔的《富阳地区反邪教现状调查报告》获得了杭州市大学生创新成果三等奖。

（撰稿:周婧旻）

看得见风景的职场窗口

不运用社会力量办学的教育,是无能的教育。——陶行知

如同人有一双明眸,一所学校,也需要一扇窗。透过这扇窗,能够锻炼技能,养成品格;透过这扇窗,能够触摸企业,品味文化;透过这扇窗,能够描绘蓝图,驰骋梦想。由长安福特杭州公司和学校深度校企融合共建的汽车工程技术应用中心,就是这样一扇看得见风景的"职场窗口"。

2013 年,在项目筹建之初,学校就与公司签订了校企合作协议,约定共同为企业培养人才、共建实训基地。2014 年,长安福特公司首次来学校招聘,学校机电类生毕业 128 人有幸成为公司的首批员工。2015 年 3 月 24 日上午,公司在杭州大江东产业集聚区建成投产,并下线全新"锐界"乘用车。校友应蒋靖就是"锐界"汽车的制造者之一。应蒋靖,2014届模具专业毕业生,现在该公司担任总装车间内饰二组组长,年薪达 14 万元。他说:"公司拥有最先进的生产工艺设备和严格的生产管理标准,我们在这里能学到很多东西,公司认为学校毕业生整体职业素养好、技能水平高,特别受企业欢迎。"鉴于公司对前期毕业生素质的认可,此后连续三年在学校招收应届毕业生保持在 100 人左右。2015 年 12 月,长安福特公司为进一步加强与学校的合作,设立长安福特现代学徒制定向班,校企共建汽车工程技术应用中心。该中心共投入资金 463 万元,其中长安福特公司捐赠 3 辆新款整车(锐界 2 辆、新版蒙迪欧 1 辆,价值 100 万元)、15 辆老款长安福特系列汽车(价值 75 万元)及出资共建长安福特企业文化宣传栏。

励达、杨子宝等几位校友就是长安福特定向班的学生,他们在公司待了一年多,就已成为了公司的技术骨干。他们透露了一个秘密:"相对于

来自其他学校的同事来说,我们有先天的优势——建有汽车工程技术应用中心。它是一个真实的职业环境,是一个开展基于工作过程的学习活动的高效平台。我们每天接触的都是福特的汽车和福特的文化,更有来自福特公司的老师教我们最新的技术,实现企业岗前培训进校园,大大提升了岗位针对性,使我们在'做中学,学中做'的工作过程中达成职业能力的提升。"

"对我来说,它不仅仅是一个高大上的实训基地,还是开启我职业理想的一位导师,也是我走向职场的第一个驿站。"校友杜玲丽如此深情地回忆。杜玲丽,2016届汽车检测专业毕业生,现就职于杭州德奥汽车有限公司。想当初,她觉得读大学的目的就是拿一张毕业文凭,因为对一个爱干净的女孩子来说要,要她今后从事汽车维修工作不太现实。这种观念一直持续到大二的第一学期。她清晰地记得,当她第一次走进新建的汽车工程技术应用中心时那种惊喜的心情。宽敞明亮一尘不染的实训车间,清一色的时尚动感的长安福特系列新车,精致大气的福特企业文化宣传墙,这一切让她仿佛置身福特汽车文化展览馆,而忘记了这是实训基地。她突然感悟:我要在这样的环境中工作,我可以主攻汽车营销方向,将来谋一份体面而优雅的工作。说干就干,她把大部分时间都泡在基地里,在老师们的指导下熟习汽车性能和文化,深入揣摩顾客心理,刻苦练习销售技巧。2016年5月,她获得了浙江省高职高专院校技能大赛汽车营销竞赛二等奖。工作半年,荣获公司年度销售冠军——"奥迪之星"称号。

爱屋及乌,像这样,因为喜爱实训基地而爱上专业,进而从事与汽车相关工作的学生还有很多。

一、背景与理念

长安福特杭州分公司是杭州迄今引进的最大单体工业项目和首个国际级整车项目。在学院主动服务企业、企业参与学院办学和人才培养的大框架下,进一步推进产教深度融合,建设"校中企、企中校""校亦企、企亦校"模式,全面实现教学过程与生产过程融合,学生培养与员工培养融合。汽车工程技术应用中心的建立,有效地推进了行知文化的"落地生根",深化了校企"双环境、双主体"育人的内涵建设。

1. 社会即学校

"社会即学校"的真正含义就是根据社会需要办学校。陶行知先生认为,学校与社会打成一片,办成开放的学校,教育的活力就会增强,诸如"教育的材料,教育的方法,教育的工具,教育的环境,都可以大大增加。"①反之,"不运用社会力量,便是无能的教育,不了解社会的需求,便是盲目的教育"②。创办人民所需要的学校,培养社会所需要的人才,必须调用社会各方面的力量,打通学校和社会的联系,真正把学校放到社会里去办,使学校与社会息息相关,使学校成为社会生活所必须。尤其是现代社会,关起门来办教育是行不通的,校企合作成为办学的必然选择,对于天生"跨界"的职业教育来说,尤其重要。

2. 车间即课堂

"有生利之设备,方可教职业;无生利之设备,则不可以教职业。然职业学校之生利设备可分二种:一自有之设备;二利用职业界之设备"③。由于职业教育的快速发展,当前学校实训设备不足的现象十分突出,无法满足学生的基本技能训练,只有部分专业能做到"边做边学、学做合一"。校企合作,引入企业的设备来弥补学校实训设备的不足是重要途径,"故校中自有之设备,除课堂点缀以外,实属寥寥无几;校外则凡学生足迹所至,皆其所利用之设备。论其成效则不特设备之经费可省,而各家之农业皆藉学生而间接改良之。此盖利用他人生利设备以施职业教育之彰明较

① 《陶行知全集》(第2卷),四川教育出版社1991年版,第411页。
② 《陶行知全集》(第3卷),四川教育出版社1991年版,第505页。
③ 《陶行知全集》(第1卷),四川教育出版社1991年版,第15页。

著者也。"①事实上,由于校外实训基地存在着离学校距离远、生产实践与教学实训冲突等问题,建立校企共同投资的校内实训基地是实现"教学做合一"的技能训练模式的最佳方式。课堂设到车间,车间即是课堂,学生在企业化真实环境里真刀真枪动起来,确保核心技能训练量质合一。

3. 技师即教师

职教师资队伍建设是职教事业发展的重中之重。陶行知先生提出生利教育之职业师资,"自必以能生利之人为限"。因为"天下未有无生利经验之人而能教人生利者","故职业教育之第一要素,即在生利之经验。无生利之经验则以书生教书生,虽冒职业教师之名,非无所谓职业教师也"。② 生利的经验是根本的,"如无经验,则教授法无由精密,纵学术高尚,断不能教学生之生利。既不能教人生利,则失职业教育之本旨矣。是故经验,学术,教法三者皆为职业教师所必备之三要素,然则三者之中,经验尤为根本焉。"③从职业院校教师的来源来看,大多数教师"从校门到校门",有高学历却缺乏职业岗位经验。积极引进在企业工作的技术专家和技术能手充实教师队伍,同时聘请企业经验丰富的名师专家、高级技术人员、技师和能工巧匠作为兼职教师,扩大"双师型"队伍数量,提升"双师型"队伍质量。

二、主要做法和特色

1. 校企共建实训基地

学校和企业在良好合作的基础上,本着"共建、共担、共享"的原则,发挥各自优势,共同建设校内实训基地。2015 年,长安福特向学校捐赠福特汽车及相应辅助设备,校企共同组建汽车工程技术应用中心。基地文化建设融入长安福特职场文化元素。校企共同构建实训基地建设与管

---

① 《陶行知全集》(第 1 卷),四川教育出版社 1991 年版,第 15 页。
② 《陶行知全集》(第 1 卷),四川教育出版社 1991 年版,第 13 页。
③ 《陶行知全集》(第 1 卷),四川教育出版社 1991 年版,第 14 页。

理工作组及建设进程表。校企共同建设,共同管理,共同运行,共同培养现代科技职业技能人才。实训基地于2015年6月底开始建设,9月全面投入使用。企业承诺,根据双方合作的深入推进,将动态追加汽车及辅助设备,动态调整设备与布局职场,确保企业岗位技术技能与学校实施教学技术技能保持同步,满足"长安福特(杭州)定向班"人才培养对实训基地的需要。

图3-13 领导参观长安福特文化馆

2. 校企共同培养人才

校企双方联合组建"制造工程"和"汽车工程"专业群定向班,使企业用人竞争前移。"定向班"采用"2.5+0.5"培养模式,即学生在学校完成两年半的基本专业理论和基本技能的训练后到企业开展为期半年的生产性顶岗实习。针对"长安福特定向班",校企双方共同参与教学计划的制订与修订,共同制订专业发展规划、人才培养方案。围绕企业的生产实际和企业对人才的需求规格标准,聘请企业领导、技术骨干参与课程改革,构建与职业岗位相适应的课程体系。按照企业的需求,确定课程结构、选择课程内容、开发专业教材。以企业生产活动和岗位职业能力为基础,构建以工作过程为导向的课程体系。校企合作开发与生产实际紧密结合的核心课程和实训教材;课程教学理实一体化,以福特系列汽车为载体,要求学生穿着长安福特企业提供的工作服,在进行技术技能教育的同时融入企业文化,融入素质教育。技术应用中心每年承担学生技能实训480人/周,为社会人员开展技能培训和鉴定约300人次,取得了明显的社会效益和经济效益。

图3-14　汽车工程技术应用中心

3. 校企合作研发

科技研发是中心的另一项重要功能。通过基地共建这个平台,校企双方领导互动频繁,学校师生和企业技师之间的联系更加密切。企业技师给学校带来了新的生产技能和工艺流程,学院的老师也给企业技师输送了新的理念和理论。合作从自编教材开始,把企业典型产品的制造流程教学化,把生产资源转化为课程资源,进而共同申报项目。2015年,中心获批杭州市属高校产学对接校企共建校内实训基地建设工程项目——汽车柔性制造实训基地,还成为杭州市示范性职工培训中心,由此带动了学院教师的科研工作积极性。2015年和2016年连续承接了企业横向课题8个,经费超500万元,并且全部顺利结题。

图3-14 校企共建汽车工程技术应用中心

三、工作成效

红花怒放,硕果飘香。目前该基地集实践教学、技能实训、职业认证、科技创新、技能大赛、产品生产等功能于一体,在人才培养、专业建设、社会服务等方面产生了积极的影响。

1. 探索了人才培养模式

汽车工程技术应用中心作为"长安福特(杭州)定向班"校内培训基地,为推行混合所有制下办学模式的现代学徒制人才培养模式改革提供了实践基础。中心建成后,学校积极探索优质资源共享的管理平台模式,有效弥补了原来办学模式相对封闭的不足。学院依托这个平台,以企业需要为指向,以就业为导向,加快人才培养模式改革、课程体系建设、教学模式创新、教学内容创新、评价模式改革、优秀企业文化和学校文化的融合等方面的步伐。提高人才培养规格,为企业持续健康发展提供强有力的人力支撑,使学校汽车专业的发展再上新台阶,最终促进学校与长安福特公司的共赢发展,共同为地方社会经济的发展服务。2015年,中心成为国家机械行业先进制造技术促进与服务基地。2016年,获全国机械职业教育"现代学徒制"试点工作首批牵头单位。

2. 深化了专业内涵建设

随着校企双方合作的深入,专业内涵建设也逐步深入。学校每年聘请企业技术骨干担任兼职教师,他们根据教学计划定期来校上课,深受学生欢迎。在课程设置上,校企共同开发了系列专业课程,企业选派专业技术人员参与教学过程,真正做到了理实一体化教学,以利于学生更好地掌握专业核心技能。双方还共同编写教材,共同规划实训项目,确保教学内容和企业的新技术、新工艺同步。双方共同研发毕业设计题目库,大大提升了学生毕业论文(设计)质量。学校的专任教师和企业的兼职教师共同对学生进行生产化的实训指导,指导的过程也是教师自身水平提高的过程。在教学管理上,学生不仅要遵守有学校的常规课堂管理制度,更要严格遵守企业的科学化、规范化管理制度。学生置身企业文化氛围,吸收企业先进文化理念。在教学评价上,由教师和企业技师共同考核学生,不仅考核学生的理论基础,而且更加强调考核学习的过程和学习的成果(往往是产品)。长安福特汽车有限公司连续三年在学校招聘毕业生共计389人,企业对学校毕业生十分满意。借助这个平台,师生技能竞赛成绩突出:2015年以来,师生参加国家、省级比赛中获得多项奖励,其中国家级一类一等奖2项、二等奖6项,国家级二类一等奖4项、二等奖4项;省级一类一等奖9项。

3. 提高了专业的知名度和影响力

汽车工程技术应用中心是机械行业职业技能鉴定杭州点、杭州市产学对接示范性职工培训中心,并先后获评浙江汽车及零部件人才培养基地、全国机械行业先进制造技术促进与服务基地、全国职业教育师资培训基地、杭州市产学对接校企共建实训基地。汽车检测与维修专业成为杭州市特色专业、浙江省特色专业,模具设计与制造专业成为杭州市特需专业、浙江省优势专业、国家示范专业。教师的教学、科研和社会服务能力大大增强,毕业生就业质量好,深受企业欢迎。学院以汽车专业群为依托成为"机械行业新能源汽车职业教育集团理事单位",参与了国家汽车工程学会"汽车新能源国家职业教学标准"制定。学院与长安福特校企合作的案例被评为2016年全国机械职业校企合作教育典型案例与优秀论文一等奖。中心管理人员还被浙江省高校实验室工作研究会授予2015—2016年度浙江省高校实验工作先进集体。中心建成以来,先后有来自全国近百所高职院校领导、专家和师生来基地考察学习,提高了学校专业的知名度和影响力。

（撰稿:申屠立平）

第4章　教学做合一

陶行知指出,生活是教育的中心,在生活中产生的问题是实际的问题,解决这些实际的问题就是实际的学问。实际的学问如何获得?其方法就是"教学做合一",在做上教,在做上学。学校组建"悠游校园讲解队",将悠游校园文化与旅游职业人的塑造相融合,培养博识雅行的旅游服务人才。学校传承开展陶行知先生首创的"小先生"活动,学生即知即传,以生带生,让他们在活动中学以致用、教学相长,实现自主自立、自我管理,提升自身的素质和能力。学生是课堂的主人,建筑工程技术专业《工程测量》课程,根据"教学做合一"原理深入进行教学改革,学生在课程学习中实现了从徒弟、巧匠,到骨干、精英的蜕变,教学改革取得了丰硕的成绩。

博识雅行，悠游校园

"教学做是一件事，不是三件事。我们要在做上教，在做上学。不在做上用功夫，教固不成为教，学也不成为学。"——陶行知

"第一次来苏、杭玩就遇到小高这么尽心尽责的导游，他不仅专业知识丰富，讲解熟练有趣；而且为人谦虚热情、和善有礼，非常庆幸能遇到这样好的导游员"，这是携程旅行网上游客对导游高坚的点评。高坚是杭州科技职业技术学院旅行社经营管理专业大三的一名男生，现在杭州地区最大的华东地接社杭州百缘旅行社有限公司担任实习导游。

2015年11月，高坚参加了第五届校园讲解大赛，这是他步入大学阶段第一次参加职业技能大赛，很积极、很主动，也很想证明自己。然而初赛就被淘汰了，他后来说："第一次上台讲解，真的特别紧张，手不知道往哪里放，眼睛不知看谁，额头冒着汗，脚是发抖的"。接下来的日子里，高坚有些迷茫了。专业指导教师朱永文及时与高坚谈心，帮助其分析失利的原因以及今后努力的方向。2016年1月，旅游学院将举办省导游服务技能大赛的选拔赛，选出五名学生代表杭科院参加省教育厅举办的高职高专导游服务技能大赛。这次选拔赛，更看重参赛选手的综合素质，不仅有导游讲解，还有才艺表演。高坚憋着一股劲，想证明自己，想告诉大家：他其实并不逊。以朱永文、余云建、王雁君、杜萍老师为主要成员的旅游学院大赛指导团队齐心协力，从导游词的撰写和讲解、文化理论知识的复习到才艺节目的训练，以及竞赛过程的全程模拟，做了充分的准备和指导，极大地提升了参赛同学的导游服务专业技能。在导师团队的全力支持下，最终高坚成功入选。3月23日至25日，由浙江省教育厅举办的

2016 年省高职高专院校导游服务技能大赛在浙江旅游职业学院举行,来自全省 24 所高职院校 117 名选手参加了此次比赛。经过两天一夜激烈角逐,还是大一的高坚荣获普通话组三等奖。

通过校园讲解大赛和校园导游技能大赛等系列活动,学校组建起2015 级"悠游校园讲解队",高坚担任讲解队的队长,他说:"做了校园讲解队的队长,发现每天都过得很充实"。"高坚,今天上午有重要客人来学校参观陶研馆,快来接待",这是陶研馆龙玉梅老师的电话,这种电话高坚经常会接到。据不完全统计,2016 年下半年,高坚为校友、来宾等参观陶行知研究馆,提供讲解服务 10 余次。经过校园讲解队的技能培训、讲解实践,高坚更加成熟、自信了。2017 年 4 月 26 日至 28 日,高坚再次参加浙江省高职高专院校导游服务技能大赛,取得了普通话组二等奖。"1 篇自备导游词,15 篇抽选导游词,1500 道不定项选择题,每天要记的东西很多。30 天的特训,很磨砺人。"连续参加两年省导游服务技能大赛的高坚表示,赛前特训和赛场拼搏提升的不仅仅是导游技能,更多的是自己的自信心。

2017 年 5 月 11 日,爱国卫生运动 65 周年暨全国爱国卫生运动工作座谈会在杭州召开,校园讲解队高坚、陈慕妮、张儒韬等六位同学为参会领导提供了随车讲解与部分景点讲解服务。此次会议是由全国爱国卫生运动办公室组织召开的高规格会议,国家相关部委、国家卫生计生委相关司局及 32 个省、自治区、直辖市卫生计生委相关领导共计 150 余人参加了会议。这也是继 G20 峰会后,我校学子再次参与的重大接待活动。由于安保原因,具体讲解线路在会议前一天才得以明确,高坚等六位同学在校相关领导和专业教师朱永文、余云建的指导下,通宵工作,优化讲解词、明确线路,反复演练,力争将最优秀的一面呈现在与会嘉宾面前。负责随车讲解的高坚、陈慕妮、张儒韬等同学将沿途讲解与历史掌故有机结合,较好展现了杭州特色、杭州韵味。专业化讲解服务高端会议,专业化精神展示科院风采,极大提升了学校的知名度。

2017年7月,高坚进入了专业实习阶段。他毅然选择了杭州地区最大的华东地接社杭州百缘旅行社有限公司,担任实习导游。实习的前两个月,高坚就带了10多个华东团的游客,随团的时间达50多天,是百缘旅行社众多实习生当中最早通过公司能力考核并带团的导游员之一。"非常努力、谦虚好学、积极向上、热爱导游工作,带的每一个团,都能得到游客的一致好评和认可、得到市场及部门的好评和认可",这是百缘旅行社副总王晓燕对高坚的赞许,其实也是对学校育人成果的认可。

图4-1　高坚服务于爱国卫生运动65周年暨全国爱国卫生运动工作座谈会

一、背景与理念

早在20世纪二三十年代,陶行知先生就指出:"鄙人谓教育能造文化,则能造人;能造人,则能造国家。"强调教育本身能够创生文化,也道出了文化对学生成长的重要意义。古人云:"蓬生麻中,不扶自直;白沙在涅,与之俱黑。"和谐的校园文化环境有着春风化雨、润物无声的作用,它既可以激发学生的学习兴趣、培养其创造精神,也可以使大学生养成良好的情操和优秀的品格。可见,作为生长、发展在学校教育环境中的隐性课程——校园文化,在教育的各个环节中,具有潜移默化的激发力、导向力和感染力。

1. 真正的教育是"教学做合一"

陶行知先生在《教学做合一》中写道:"教学做是一件事,不是三件事。我们要在做上教,在做上学。在做上教的是先生;在做上学的是学生。"在陶行知看来,"教学做合一"是生活法,也是教育法,它的含义是教的方法根据学的方法,学的方法要根据做的方法,"事怎样做便怎样学,怎样学便怎样教。教而不做,不能算是教;学而不做,不能算是学。教与学都以做为中心"。陶行知特别强调要亲自在"做"的活动中获得知识,真正的教育是"教学做合一"的。学校成立悠游校园讲解队,正是为了切实贯彻陶行知"教学做合一"的理念,试点育人模式改革。

2. 校园文化与职业人的塑造相融合

新时期对人才需求的变化要求高职院校必须树立"以就业为导向,以能力为本位,以服务为宗旨"的办学理念。从这个办学理念出发,在高职院校校园文化建设的实践中,注重特色与职业相结合,亮点与就业相结合,是实现高职院校校园文化建设顺应高职教育办学特点、服从高职教育办学方针的根本要求。学校把悠游校园文化与旅游职业人的塑造相融合,将旅游职业精神和素养融入高素质技术技能型专门人才的培育过程,提出了"博识雅行,悠游校园"的品牌目标,博识即学识渊博,见多识广;雅行即举止优雅,行为雅正,对"旅游职业人"的培养从校园起步。

图4-2　杭科院校园模拟导游

3. 第一课堂、第二课堂的无缝对接

第一课堂即常规课堂教学,是指依据专业教材及教学大纲,在规定的教学时间里进行的课堂教学活动,是高职院校专业理论教育教学的主渠道,为第二课堂提供基本理论知识和方法论上的指导。第二课堂是围绕常规课堂教学组织开展的各种课外活动,包括专业讲座、社团活动、社会服务、技能竞赛等,是第一课堂的补充和延续,使专业教学做到理论与实践的相结合,最终实现学生知与行的良性互动。学校开放性地设计旅游专业教学、育人过程,将第一课堂教育和第二课堂活动无缝对接,有效拓展在校学生的学习、实践空间。

图4-3 校园讲解队宋灵为陶行知的孙女陶铮作陶馆讲解

二、主要做法与特色

1. 利用校内资源打造校园实训平台

学校梳理了校内旅游资源,将杭州陶行知研究馆讲解、校园景点导览等工作开放给旅游学院承担,组建成立"悠游校园讲解队",以优雅的礼仪、热情的态度、耐心的讲解,为来宾、校友、本校新生提供"悠游校园"讲解服务,年均服务人次近千人,成为各界来宾认识杭科院的一个闪亮的窗口。

学校还在全校范围内征集导游词,由旅游学院专业教师带领学生进行整理、修改,并通过校园讲解大赛和校园导游技能大赛等系列活动,不断完善讲解内容。

学校对"悠游校园讲解队"实行专业化的管理,邀请校内外专家和教师进行讲解技巧、普通话、礼仪、仪表、外语讲解等方面的培训,并组织开展职业情景实训,提升讲解队成员的专业素养。

2. 打通第一课堂教学与"悠游校园"实践

国家导游资格证是旅行社专业学生首选的职业技能证书,《导游文化基础知识》《旅游政策与法规》《导游实务》是国家导游资格考试三门必考科目。学校把职业资格证考试与课程教学有机结合,以"悠游校园"系列课堂活动为载体,促进教学改革,形成了"以导游实际工作为导向,以导游职业技能为核心"的课程设计总体思路,从而提高了学生全国导游资格考试的合格率。比如《旅游政策与法规》有一则"应聘旅游企业,提供导游服务"的学习情境,要让学生掌握"导游人员的权利和义务",学校在教学设计上,引入了"悠游校园"杭科院模拟导游任务,分"复习巩固提问""导游案例导入""布置项目任务""提供理论资讯""制定实施方案""实施项目任务""任务实施评价""单元知识总结""课后作业布置"等环节组织学生学、练,形成了"工学结合—任务驱动—行动导向"的教学模式。

3. 融合校园讲解与学校宣传、文化传承

杭科院有着"山水校园、生态校园、诗意校园、人文校园"的美誉。"美"既体现为优美的校园环境,更体现为深厚的文化底蕴。悠游校园讲解队成立以后,以"传承校园文化、展现校园美景"为目标,开展了"新生校园游""3+2"中职生高校体验、校园步行导游、校园文化(景点)讲解、陶馆讲解等活动,积极向新生与家长、社会各界来宾宣传学校文化。悠游校园讲解队还走出校园,利用节假日、双休日,为龙门古镇、新沙岛、黄公望隐居地等景区提供讲解服务,宣传旅游文化和学校行知文化。

三、工作成效

1. 提升了学生的旅游职业素养

通过校园讲解队的培训辅导、社会服务,提升了学生的旅游职业素养。2015 年 4 月 27 日至 29 日,旅游学院的 5 名同学(全部属于校园讲解队成员)参加浙江省教育厅举办的 2015 年省高职高专院校导游服务技能大赛,获得了英文组 1 个一等奖和 1 个二等奖、中文组 2 个二等奖和 1 个三等奖,学校成绩首次位于参赛高职院校前列。从 2014 年至 2017 年,在浙江省高职高专院校导游服务技能大赛中,学校共获得一等奖 1 名、二等奖 8 名、三等奖 8 名。

图 4－4 旅游学院在 2015 年省导游服务技能大赛中获
一等奖等多个奖项

从"悠游校园讲解队"成长起一批高素质的旅游职业人:讲解队成员张儒韫、高坚、徐红梅、诸燕、陈慕妮、董林岚等六位同学,2017 年 5 月为爱国卫生运动 65 周年暨全国爱国卫生运动工作座谈会参会领导提供了高质量的随车讲解与部分景点讲解服务,赢得了主办方的高度肯定;校园讲解队 2012 级主要成员李银银,毕业当年就参加杭州市首届景点景区讲解员服务技能大赛,荣获"杭州市金牌讲解员"称号;校园讲解队 2013 级副队长喻嘉乐在中国国旅(浙江)公司会展中心担任综合计调,专门负责会奖旅游项目的策划和招标,实习期间就策划成功了将近 40 个会奖旅游项目,荣获公司 2016 年度最佳新人奖;校园讲解队 2014 级队长吴光祥在丽水中青旅实习半年,凭借着出色的工作表现,被公司授予 2016 年度"特别贡献奖"殊荣、获得丽水市旅委 2016 年度先进个人荣誉称号。

2. 创新了旅游专业人才培养模式

学校以"悠游校园"系列课堂活动为载体,促进专业人才培养方案改革,构建起"岗位主导,四层深入"的人才培养模式。"四层深入"是指专业认识实习、课程实训与社会实践、旅行社业务综合实习和企业顶岗实习,学生要经过"识岗""练岗""试岗""顶岗"四个阶段螺旋式递进的实践训练。其中第二阶段的社会实践,以集中和分散的形式进行。"分散"主要为双休日,以学生创业社团"会奖旅游工作坊"为依托,以"悠游校园"系列课堂活动为载体,组织学生到周边的景区、旅行社进行专业实践。"集中"主要是在"五一""十一"假期前后的各两个星期,与富阳龙门古镇景区、新沙岛、黄公望隐居地,杭州西溪湿地公园,安吉中南百草原等景区协作,组织学生进行景区讲解服务、旅游咨询等社会实践。

经过数年实践,学校目前推出了"五个一"创新创业旅游人才培养工程,即一个校园文化品牌——"博识雅行,悠游校园";一个创新创业平台——会奖旅游工作坊;一个技能名师工作室——金牌导游工作室;一个专业技能提升载体——校内外导游技能大赛;一支校园讲解队伍——"悠游校园"讲解队。

3. 传播了学校深厚的行知文化

杭科院是富阳区的第一所高校,校区青山碧水,环境优美,充满诗情画意,学校陶馆是全国五大陶馆之一,为杭州市爱国主义教育基地。通过"悠游校园"系列活动,学校向来宾、校友、市民介绍优美的校园环境,引导参观陶行知研究馆,弘扬了学校深厚的行知文化,提升了学校的知名度和办学水平,并通过新生校园游、中职生的"高校体验活动"、新生参观学校陶研馆、参与校园讲解队的组建、校园导游词的征集和完善等活动,培养本校学生"爱校、建校、荣校"的情感,传承了杭科院深厚的行知文化。

图4-5 校园讲解队在介绍《陶行知在湘师》

(撰稿:朱永文)

小先生，大作用

"先过那一种生活的便是那一种生活的先生，后过那一种生活的便是那一种生活的后生，学生便是学过生活的人，先生的职务是教人过生活。"——陶行知

尚艺工作室

尚艺工作室成立于2010年，是全校平面设计人才的汇集地，历经七代"掌门人"的传承与发展，成为我校100多个社团中发扬老带新"小先生"传统的典范。

周雅琪就是"小先生"中的一员。2016年9月，她成了校园里的"网红"。她和三个小伙伴，设计了一个圆脸的陶行知卡通造型，并将这个造型用在新版学生校园卡上，萌倒了全校师生。把陶行知先生的形象卡通化，制作一系列体现行知文化特色、贴近学生心理年龄特点、好玩有趣的校园卡，是学校由来已久的一个想法。但设计卡通版的陶行知，难倒不少设计公司。学校把这个"烫手"任务交给了艺术学院尚艺工作室，指导教师汪晟带着同学们改了一稿又一稿，大家拿着陶行知的照片反复琢磨，努力寻找发型、眉眼特点，用所学的VI设计、图形设计知识去找感觉。"正好上课学到Logo设计，我就想，能不能跳出形象设计的框框，把先生的眼镜、脸型和服装特点抽象出来，当成Logo来设计。"周雅琪把想法付诸行动，利用暑假时间，一直在修改校园卡设计方案，带领着她的设计团队，前后改了不下50稿，最终成稿得到了大家认可。

尚艺工作室有四五个周雅琪这样的"小先生"，也有四五个这样的设计团队，而全校有数十家尚艺工作室这样的"小先生"制学生社团。大家在社团活动中互相探讨，互相学习，共同成长。

青鸟传媒社

2017年6月,一段时长4分51秒的视频《再见,杭科院!》在全校的师生圈和校友圈狠狠火了一把。视频的制作者范颖涛,是我校信息工程学院电气1511班的学生。他将这个历时两年制作完成的作品上传某视频网站后,不仅引发在校生的共鸣,更点燃已毕业多年的学子对母校的眷恋,点击量已经接近17万次,很多杭科院毕业的校友在视频下面评论说:"很怀念,很想回去看看。"范颖涛说,制作这段视频,一是送给2014级学长们的礼物,"让大家通过自己的镜头去从不同角度发现学校的美",二是为自己明年的毕业做准备,"大三就要去企业实习了,待在校园里的日子也屈指可数,这个视频,也是为了总结我的大学生活。"

图4-6 《再见,杭科院!》视频截图

范颖涛是青鸟传媒社团的一员,里面汇聚了杭科院大部分会摄影会后期的学生,彼此经常交流拍摄技巧或者一起拍个校园。大一刚进社团时,范颖涛常常跟着学长学习摄影技巧,如今,他已经是社团的副社长,经常给社员们讲课,"我们每周都有一节社团课,会在教室里交流理论知识,也会到外面实践拍摄技巧。"

这种学生当"先生",将自己的知识随时随地地教给别人的"小先生"制度,不是尚艺工作室,也不是青鸟传媒社的特例。建校以来,杭科院学生社团建设正是秉承着陶行知的"小先生制"思想,在社团活动中引导学生自主学习,自由发挥,激发学生的兴趣点,培养学生的专业技能和实践技能。

一、背景与理念

学生社团是指学生为了实现会员的共同意愿和满足个人兴趣爱好的需求、自愿组成的、按照其章程开展活动的群众性学生组织。学生社团是校园文化建设的重要载体，是中国高校第二课堂的引领者。这些社团可打破年级、系科以及学校的界限，团结兴趣爱好相近的同学，发挥他们在某方面的特长，开展有益于学生身心健康的活动。

"小先生制"是陶行知在普及教育实践中依据"即知即传人"的原则，采取小孩教小孩、小孩教大人的方法推广实施的一种教育组织形式。正如陶行知所说的：我们的目的不是要得一个小先生的头衔，乃是要运用"即知即传人"的原则，把知识公开给没有机会受教育的人。对执行者小先生，陶行知先生是这样定义的："生是生活"，先过那一种生活的便是那一种生活的先生，后过那一种生活的便是那一种生活的后生，学生便是学过生活的人，先生的职务是教人过生活。也就是说学生也可以做教师，每个学生都可以去参与知识信息的交流。学校在学生社团的建设中有意识地运用陶行知"小先生"制的教育理念，确立了如下目标定位：

1. 形成即知即传的校园文化氛围

陶行知先生在推行民众教育时进一步指出："民众教育的根本主义就是把知识扩散给大众。要把教育知识变成空气一样，弥漫于宇宙，洗荡于乾坤，普及众生，人人都得呼吸。把知识变成空气最好的方法是运用小先生"。"小先生"制社团利用学生间的教与学，学生学习之后又可以转换为教学者，教学过程也是学习过程，如此反复，使得参与教与学的学生人数急剧上升，形成在校园内即知即传的文化氛围。

2. 以"小先生"文化为抓手，加强学校学风建设

"小先生"文化即知即传的发展特性，对于职业院校更为适合，非常符合高职院校的定位。学生可以在小先生社团活动中避免理论知识相对

薄弱的短处,注重实践,在专业技术上手把手地教与学,并通过学生之间在技术上的切磋互动、朋辈教育,促进良好的学风形成。

3. 引导学生学以致用、教学相长

通过学生社团这个载体,让学生在社团活动中"学以致用""教学相长",实现学生自主自立、自我管理,提升学生的素质和能力。这是对陶行知教育思想进一步发扬光大,是学校进一步践行陶行知教育思想的实际行动,也是对"小先生制"的运用从教学领域扩大到学校各个方面的重要举措。

二、主要做法与特色

2009年,杭州科技职业技术学院在杭州市富阳高教区建校,从这一年起,学生社团伴随学校开始走上了建设、发展、转型的"快速道"。从数量上看,截至2017年9月,学校注册学生社团共166个,其中专业社团69个,非专业社团97个。发展规模上走在杭州市属高校的前列。2012年学校将"小先生制"引入到社团中,根据学生实际,结合专业特点,选拔一批素质好、有特长、乐于奉献的学生担任"小先生",组建社团招募学员、即知即传。其主要做法有:

1. 完善社团管理制度,为全校学生社团发展保驾护航

2015年4月《关于杭州科技职业技术学院学生社团现状调查》显示,学校加入学生社团的人数超过75%,56.78%的学生每周参加社团活动,每两周参加社团活动的学生人数超过91.82%。在满意度方面,58.57%的学生表示很满意,基本满意为40%。学生社团已经成为学生素质拓展的重要载体。同时,学校建立了《杭州科技职业技术学院学生社团管理条例(试行)》《杭州科技职业技术学院学生社团财务使用条例(试行)》《杭州科技职业技术学院星级学生社团评定条例(试行)》《杭州科技职业技术学院十佳学生社团评比条例(试行)》等一系列社团制度,为社团管理、经费保障和社团奖励提供了实施依据,为全校学生社团发展保驾

护航。

2. 创建"小先生"学分制社团,为学生社团建设添砖加瓦

学分制是一种教学管理制度,将学分制与社团结合在一起,就是将教学管理与德育活动进行有机融合,完善校园文化。社团活动课程由于其特有的开放性,不受形式、时空等因素的限制,是一个将理论应用于实践、将知识转化为能力的最佳场所,因此课堂教育与社团活动课程相结合,相辅相成。课堂教育无法提供的实践场所社团活动课程可以提供,而社团活动课程所需的知识可由课堂教育来实现,两部分互相促进、共同发展。将学分制引入学生社团,利用学分管理,使学员"无所谓"的观念转变为"有所谓",可以从源头上端正学生参与社团的态度。2014 年,学校为提升人才培养质量,深化以职业为导向的人才培养模式改革,出台《杭州科技职业技术学院第二课堂素质拓展学分管理办法》。同时,各二级学院根据学院自身特点,建立相应的《学院第二课堂素质拓展学分管理办法》。小先生学分制社团已成为全校各专业开展第二课堂活动的主要形式,成为培养学生创新创业、努力学习、扩展知识面和发展各种健康兴趣的主要载体,也成为学生获取创新素养学分的主要途径。由于学分制的存在,大大提高了社团成员的积极性,全校75%的学生参加了社团,合理利用课余时间,有效地将第一课堂、第二课堂衔接起来。

3. 开展社团文化节等大型活动,丰富学生社团展示阵地

陶行知先生说,要解放孩子的头脑、双手、脚、空间、时间,使他们充分得到自由的生活,从自由的生活中得到真正的教育。社团文化节正是这样一个供学生社团自由展示的阵地。

从 2009 年至今,学校学生社团文化节、社团嘉年华共举办九届。理论学习、兴趣爱好、学习科学、文娱体育、志愿服务、社会实践等六大类的一百余个社团,共举办专业技能比赛、文艺演出、体育赛事、公益活动、艺术创作、理论学习等近 300 项活动,参与人次达数万。整个社团文化节历时一个多月,成为学校学生社团活动的一个集中展示期,也是一年中学生

社团的高度活跃期。在整个社团文化节中,有两项固定的配套活动,一是社长会议,二是"学生十佳社团"评选。由于学生社团更新活跃,组织交替快,社长会议为学生社团的更新迭代提供保障。在社长会议中,学生社团联合会介绍学生社团的管理制度、优秀学生社团介绍自己的管理经验和活动项目、有需求的学生社团寻找各自合作伙伴。社长会议是学生社团负责人学习、交流的一次重要会议。

同时,社团文化节的组织采用校院两级共同举办,学生社团自行申报的形式,学生社团对举办什么样的活动,如何举办活动有着充分的自由。同时在社团文化节中,学生社长会议自主服务学生社团的继承和延续,服务社团与社团之间、学生与社团之间、学生与学生之间的交流。正是这种自由的氛围,激发了学生社团的积极性,形成繁荣的局面。

图4-7 首届乐玩节开幕式

不管是专业还是非专业社团,在社团文化节中老师和学生都自主选择参加项目,这些项目或与专业技能有关,或与社会生活有关,在项目"做"的过程中完成"教"与"学",这些都与陶行知先生的"教学做合一"思想相符合,也与杭科院的高职定位和培养技能型人才的培养目标相符合。而与陶行知办学时期不同的是,当代社会技术革命速度远胜当时,因此师生共同参与科技创新的合作深度也远胜于当时。据不完全统计，2015—2016 学年,由学生社团、师生共同参与的科技创新类项目就达到 60 余项,企业 ERP 财会社团等 25 个专业类社团获得国家级技能竞赛奖项 15 项、省部级 23 项,地市级 3 项,其中尚艺平面设计工作室的作品获得第 43 届世界技能大赛全国选拔赛一等奖。

三、工作成效

1. 大力提升"小先生"们和社团成员的素质和能力

社团的社长即为"小先生",为了做好"小先生"工作,社长通过自主学习各方面的能力都有较大提高,主要表现在:(1)社长对社团相关知识技能的掌握比其他同学更为扎实,成为社团某一方面专业、技能或兴趣爱好的"领头羊";(2)社长通过活动的计划安排、社员管理和事件处理等能力大大提高;(3)社长负责与指导教师、社员、学生会部门(干部)和学院有关部门的协调工作,其沟通能力得到了大幅提高。而社团成员通过参与社团活动,大家能够亲身体验到集体活动的乐趣和集体的力量,从而增强集体荣誉感;共同制订和遵守社团的章程,使大家自觉地规范自我、约束自我,促进了良好行为规范的养成。同时通过"小先生"们对知识更"接地气"的传授,提高了个人的知识储备与技能。健康有益的社团活动促进了学生政治上的进步、思想上的成熟、文化素质和身心素质的提高。

2. 激发"校园明星"出现,在第二课堂育人体系中发挥重要作用

学生社团是校园文化的重要组成部分,在第二课堂育人体系中发挥着至关重要的作用。作为学校第二课堂的重要载体,"小先生"制社团在帮助学生开阔视野、丰富知识、增长智慧,培养创造性思维,塑造品格,提高综合能力等方面发挥了积极作用,取得显著成效。

3. 推进了学分制改革,进一步带动学生学习的主观能动性

"小先生"学分制社团通过学分考核,进一步增强了学生学习知识和技能的主观能动性,促进学生对专业知识的学习和消化,通过专业授课、

知识讲座、技能竞赛、义务服务等方式,使学生不断强化所学知识,激发学习兴趣,增强学习的自觉性,养成乐于学习、勤于思考、大胆创新的好习惯。

4. 逐渐支撑起学校的各项学生工作和活动

社团除了发挥学校教学第二课堂应有的作用外,还对全校的各项学生工作和活动形成了支撑。竞赛型社团在学校和校外各项技能大赛中成为中坚力量;创业型社团在专业老师指导下逐步开展企业相关业务;兴趣型社团中的文娱类社团提供了学校大型晚会的节目,体育类社团参加学校内外各类体育比赛等;学习型社团为同学创造了全日制和成人专升本、以及英语口语练习的良好环境。

（撰稿:周俊炯、夏村、刘红红、李常钰）

徒弟，巧匠，骨干，精英

"职业学校之课程应以一事之始终为一课。"——陶行知

建筑工程技术1501班的陆银欢同学说以前看到马路上工程师拿着仪器工作，觉得他们特别有"范"，很想冲上前去把玩两把。

第一周上课，他惊喜地在《工程测量》课上发现了那些仪器的身影，从此，深深地爱上了这门课程。他喜欢《工程测量》课程"1＋2"教学做一体化的上课模式，课堂上老师一边教一边示范，同学们跟着做，最后以组为单位独自完成一个工程项目任务。虽然实训场都在室外，夏天烈日炎炎，冬天寒风凛冽，但是这些一点都不影响他学习热情。每当在老师指导下完成工程项目，成果评定优秀时，内心就充满了窃喜；当成果评定不合格时，他和组员认真讨论寻找问题，一遍一遍地反复重测，直到成果符合要求，内心的满足感可以瞬间让他忘记被汗水浸透的衣服、被冷风吹僵的手。高中同学会，与读本科同学说起《工程测量》课时，他总是眉飞色舞，让那些同学羡慕不已。

大一下半年，通过严格的选拔，陆银欢作为新生力量加入了校测量训练队，从此开始了"5＋2白加黑"的训练模式，这是一场体能和智力的比拼。指导教师李兴东、孙伟清两位老师制定了严密的体能训练和专项技能训练计划：早上操场上体能训练，手机打卡；白天，三项专项技能外业数据采集；晚上成果整理、错因分析。日复一日，月复一月，校园里的风花雪月与他无关，校园外的景色与他绝缘，他眼中的校园都是地物符号，眼中的操场是水准路线，他由一个小鲜肉变成了"黑人"。功夫不负有心人，陆银欢顺利地获得省赛比赛资格，并且初生牛犊不畏虎地过五关斩六将，第一次参赛就获得了省二等奖，代表浙江省参加国家测绘技能大赛获得

三等奖。

校园里留下了陆银欢他们诸多痕迹,他们熟悉校园的每一个角落,对校园建筑了然于胸,实训室的所有测量仪器没有他们不会操作的,操作仪器的速度甚至能击败老师。他们为了攀登技能的高峰,一次次地奋勇前进,一次次地遭遇挫折,又一次次地重新出发……他们痛并快乐着。

所有的痛最终都会变成甜,如果还不够甜,那就是还没有到终点。杭科院城市建设学院有毕业生在找工作时,凭着一本获奖证书,公司老总立刻开出了实习工资 5000 元的高薪。大二学生暑假实习期间,有企业愿意以 500 元每天的高薪聘用学生进行测量。这一切惊喜都来源于《工程测量》的课程改革。

一、背景与理念

土建类专业主要培养适应区域经济和社会发展需要,面向工程施工与管理一线,熟练掌握从事本专业技术及管理岗位工作所必需的理论知识和实践技能,胜任施工企业的施工员等岗位工作,具有创新创业能力和可持续发展能力的高素质技术技能型专门人才。《工程测量》是土建类专业群平台课,是一门实践性很强的课程。课程需要《建筑识图》《Auto-CAD》等课程为依托,后续课程为《建筑施工》。课程的学习不仅要求学生查阅工程资料、掌握国家技术规范要求,而且要求学生根据建筑图纸进行施工放样、熟练绘制地形图等,是理论知识内化为测量技能的过程。在这种建筑工程人才培养的背景下,形成了《工程测量》课程塔形循环导师教学法"教学做合一"的课程改革理念。

1. 教学做合一,构建多层教学框架

工程测量教学普遍采用项目教学、任务驱动等教学方法。这些教学方法的应用取得了很好的教学效果,激发学生的学习兴趣,培养学生分析问题、解决问题、自主学习及与他人协作的能力。但是,在实践的过程中出现了一些需要继续解决的问题,主要表现在学生个体差异大,无法满足各层次学生的学习需求,课证、课赛无法有效地进行融合。学校测量课程组经过几轮的课程改革,结合专业群、课程的特点,积极探索构建塔形多层教学框架:将课程教学内容设置多层塔形教学内容,每层教学内容层层递进,适合各个层次的学生,教学内容由易到难。

2. 教学做合一,运用现代教学技术

《工程测量》教学改革目标将学习的决定权从教师转移给学生。课堂内,学生主要研究各个测量项目如何实施,从而获得更深层次的理解。教师不再占用课堂的讲授工程测量的基本知识,这些基本知识需要学生在课前完成自主学习、课后进一步复习巩固。教师充分利用现代教育技术方法,提供信息化教学资源和平台,为学生提供自主学习环境。

3. 教学做合一,改革课堂评价体系

原有课堂评价体系比较单一,无法客观地反应教师的课堂教学效果和学生对知识、技能的掌握情况。学校依据新的课堂教学模式从评价目标、评价内容、评价过程等几个方面改革原有课堂评价体系。

二、主要做法与特色

"教学做是一件事,不是三件事。我们要在做上教,在做上学。在做上教的是先生;在做上学的是学生。从先生对学生的关系说:做便是教;从学生对先生的关系说:做便是学。先生拿做来教,乃是真教;学生拿做来学,方是实学。不在做上下功夫,教固不成为教,学也不成为学"。[①] 这就是陶行知"教学做合一"的哲理。《工程测量》这门课程教什么? 怎么教? 怎么做? 教谁? 谁教? 教学生做什么? 要想把课程教好,必须先梳理这些问题。学校围绕着这几个问题,进行"塔形循环导师教学法"的教学探索。

---

① 《陶行知全集》(第1卷),四川教育出版社2005年版,第106页。

"塔形循环导师教学法"是指运用教学做合一教学方法,采用塔形分层教学的内容,形成一支塔形多种身份的教学指导队伍,学生具有动态塔形轮换身份的一种新型教学方法(见图4-8)。

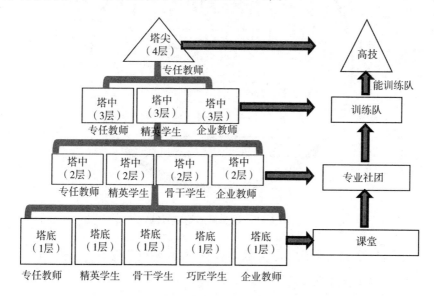

图4-8　塔形循环导师教学法

塔形分层教学指将课程教学内容设置四层塔形教学内容。每层教学内容层层递进,适合各个层次的学生。教学内容由易到难,使用设备精度由低到高。

塔形教学指导队伍指的是由测量教师、企业教师、选拔的学生小教师(精英学生、骨干学生、巧匠学生)共同组成的分层教学指导队伍。

学生塔形轮换身份指的学生具有精英、骨干、巧匠、徒弟的身份,在一定的周期内身份随着考核积分变换。周期内积分达到指定的分数,身份可以升级,反之积分不达标自动降级,形成动态塔形轮换机制(见图4-9)。

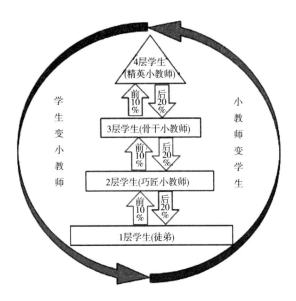

图 4 - 9　动态塔形轮换机制

上层学生成为下几层学生的小教师,参与辅助教学。

1. 合理设计塔形教学内容

学校将《工程测量》的知识技能点分解为水准测量、角度测量、平面控制测量等若干个知识模块,将知识模块分解为若干个知识点,知识点有机地组合在塔形教学内容中,知识点对应的实训内容适合教学做合一。

塔尖教学内容主要针对高技能训练队的精英学生。内容分为两块:省测绘比赛、全国测绘比赛指定内容;测量工作室承接的实际工程项目。

塔中分为两层。塔中 3 层教学内容主要针对训练队的骨干学生,内容分为两块:测量工作室承接的实际工程项目;仿真工程项目。塔中 2 层教学内容主要针对社团学生,内容主要为仿真工程项目。

底层教学内容主要针对普通的课堂学生。教学内容主要以基于工作过程的模块化项目。

表 4 - 1 《工程测量》塔形教学内容设计(以高程控制为例)

项目	任务	塔形教学内容设计			
		课堂	专业社团	训练队	高技能训练队
高程控制网测量	任务 1:水准仪的认识与使用	掌握 DS3 水准仪的认识与使用	熟练掌握 DS3 水准仪的使用,熟悉自动安平水准仪的使用	掌握电子水准仪认识与使用	熟练掌握国赛电子水准仪的认识与使用
	任务 2:设计高程控制网方案	根据施工图纸设计实训楼;教学楼;行政楼(3 选 1)的高程控制网方案	根据施工图纸设计教学楼 + 实训楼;行政楼 + 陶研馆;宿舍区(3 选 1)的高程控制网方案	根据施工图纸设计杭科院;中医院;职教中心校园(3 选 1)的高程控制网方案	根据施工图纸设计承接实际工程;高教园区(2 选 1)的高程控制网方案
	任务 3:高程控制网测量	测量设计方案的高程控制网(图根)	测量设计方案的高程控制网(四等)	测量设计方案的高程控制网(二等)	测量设计方案的高程控制网(二等)
	任务 4:整理成果	整理测量高程控制网的成果	整理测量高程控制网的成果	整理测量高程控制网的成果	整理测量高程控制网的成果

为了满足塔形教学内容,学校开发了一系列教学视频、微课、在线测试题库、动画游戏等。以知识点来划分教学单元,可供各层同学不同时期不同身份时的学与做。

2. 创新课堂教学模式

基于每层学生学习主动性、积极性、创造性的不同,课堂教学模式因层而异。

塔尖、塔中主要采取翻转课堂教学,教学流程分为课前——课中——课后。课前教师发布学习任务、上传教学资料,学生通过 QQ、微信、雨课堂等平台上的多维课程资源进行学习、完成在线测试,替代传统的课堂传授知识。课堂中将学习的新知识通过对应的项目训练进行知识内化,掌握测量技能。课后学生利用教师提供的多维化教学资源进行查漏补缺,通过学生个人自评、小组项目总结、教师点评等方式知识固化(见图 4 - 10)。

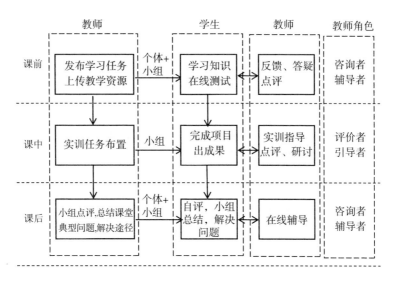

图 4 - 10　翻转课堂

塔底采取混合式教学,将传统的面授课堂教学与信息化教学结合。与翻转课堂比较,课前取消了在线测试,变为问题回答。教师在课堂上传授重难点的知识点,在线测试,讲解。课后针对课堂中存在的问题进行二次在线测试(见图 4 - 11)。

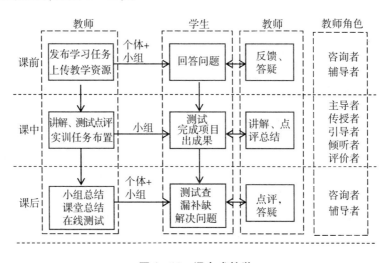

图 4 - 11　混合式教学

3. 改革课堂评价体系

为了达到"塔形循环导师教学法"教学效果,学校创新思路,建立起具有"交叉评价""多维化"特点的课堂评价标准。评价分为课前——课中——课后,每层考核标准和侧重点有所区别,每个知识点考核权重也将出现变化,每个人适用评价标准随着身份变化动态变化(见表4-2)。

表4-2　形成性考核成绩分值

	学生＋组员互评	小教师	教师	总分值
课前	20%	40%	40%	30
课中	20%	40%	40%	40
课后	20%	40%	40%	30
合　计:				100

对每个学生的评价由以往一个老师单独评价,变成由梯队教学老师进行综合评价、组员互评等,评价变得动态、实时、准确、具体(见图4-12)。

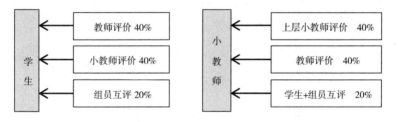

图4-12　多维交叉式评价

三、工作成效

"塔形循环导师教学法"自实施以来,取得了显著成效。

1. 提高学生专业技能

2015年到2017年,学生参加浙江省测绘技能竞赛、全国测绘技能竞赛,获得全国比赛三等奖1项,省赛二等奖9项,三等奖7项,培养了一批技能高手。2016年学校带领学生承接浙江中浩公司测量业务约30万元。同时,专业跟踪调查报告显示,企业对跟岗实习、顶岗实习学生的测量技能给予充分的肯定。

2. 提高课程教学满意度

2017年,学校对学生进行了抽样调查,调查结果显示学生对塔形教学法的教学内容、教学模式、评价标准、轮换机制的满意度分别达到97%、90%、93%和90%,说明学生对课程教学改革的效果持肯定的态度。

3. 提高教师整体素质

课程改革促使教师学习信息化技术,学会制作微课、小动画等多维信息教学资源,使用在线学习平台,搭建课堂学习平台,教师信息化教学水平不断提高。同时,通过课程改革,教师的专业水平、课程设计、课堂组织、教学创新能力都有了进一步提高。

（撰稿:孙伟清）

第5章　创造教育

　　陶行知认为,行动是教育的开始,创造才是其完成。他告诫人们:"仿我者死,创我者生!"这就需要我们时时处处实施创造的教育。学校高度重视创新创业教育,建立创新创业产业园,创办省内首家行知创业学院,开设实战型创新创业课程,与政府、行业、企业协同合作开展创新创业教育实践,开展创新创业指导服务,为学生搭建良好的创新创业平台。学校与地方政府共建科技企业孵化器,筑巢引凤,大力引进科技企业,扶持学生创业型企业,深入推进产教融合。学校着力打造"创意·创艺·创益"文化,给有志于创新和创业的学生插上梦想和腾飞的翅膀,帮助他们实现创新创业的起飞。一批创业明星、创新性企业在职业生涯规划与创业大赛中涌现,伟大梦想在此孕育,华丽人生自此出彩!

站在彼此的肩膀上

"处处是创造之地，天天是创造之时，人人是创造之人"。——陶行知

图 5-1　行知创业学院

2015 年 12 月 22 日的《中国教育报》第 8 版，刊登了题为《带着梦想从校园启航——杭州科技职业技术学院推进创新创业教育纪实》的报道，文中提到的一位创业典范是杭科院信息工程学院 2012 届毕业生宋炬明。

2015 年 12 月的杭州城，新开出一家备受年轻人喜爱的购物店——银泰西选 O2O 体验馆，店里有一个小小的柜台"365 跨境购"，柜主正是宋炬明。而这个摆满了瓶瓶罐罐的小天地，也是杭科院跨境电子商务实践教学基地。在过去几年里，宋炬明先后转战淘宝、亚马逊、美丽说、天猫等多个电商服务平台，最终自主开发出"365 跨境购"电子商务平台，并成功入驻银泰西选 O2O 体验馆。

早在大一期间，学计算机专业的宋炬明就报名参加了电子商务社团，

在那里他遇到了"师傅"陆亚文老师。陆老师主导的这个学生社团采用实战管理，每个学生都有工作证和具体岗位分工，"怎么进货，怎么做网站页面，怎么做客服和物流，全是在那里学的。"宋炬明说，非常感谢那段时光，与同学们一起熬夜，甚至通宵做项目，常常凌晨两三点睡觉，早上七八点准时起床，培养了创业最需要的意志力和执行力。

专业课学习之外，宋炬明参加了招生就业处组织的 SYB（创办你的企业）、网上模拟创业等培训，还跟随招就处的孙海涛老师去浙大网新参观学习，报名参加杭州市人社局、杭州大创联盟等组织的创新创业讲座、培训。"那时候学校还没有创业学院，但创新创业教育已经在开展，我算是受益最早的一批学生了。"据宋炬明回忆，大二的时候，由于学校新校区投入使用没多久，学生的快递接收存在很大的空白，于是，他开始尝试做"最后一公里"的快递业务，2 号实训楼 1443 室的校创业孵化基地"雏雁工作室"成了他长期蹲点的地方。从此，宋炬明开始了他的创业之路。随着电子商务的发展，他的业务范围扩大了，不仅做快递，还做韩妆，2011年，他注册成立了杭州林叶电子商务有限公司。随后，随着业务需要，宋炬明相继又成立了"杭州林叶阑珊进出口有限公司""香港林葉控股有限公司"。

2014 年，在学校创业导师陆亚文的邀请下，宋炬明把自己创办的杭州林叶电子商务有限公司搬回母校的创业产业园。因为计算机类专业试点育人模式改革，实行半工半读，而宋炬明的公司正是合作企业。"我们从计算机类大二学生中，选拔了 27 人组建跨境电商实验班。"陆亚文说，这批学生有两个身份，一是学生，二是林叶公司的员工。他们每周一至周五早上 8:30 到 10:00 接受理论教学，10:00 到 17:00 则按照企业要求上班。这是行知创业学院第一课堂和第二课堂并重、创新创业教育与专业教育融合的实践典型。

大二女生王小春是林叶的员工之一，从不喜欢做淘宝到如今几乎整天都"泡"在网络营销上，她想不到自己会有那么大的转变。最近，王小春刚完成了一笔上万元的业务,这个以前对跨境电商一窍不通的女生现在却上手很快。一边学习、一边上班,这样的生活方式让王小春觉得非常充实,而且"老师讲的东西更容易理解了"。照教学计划,每隔一个半月,这27名学生将在销售、客服、运营、美工、市场推广、仓库管理等各个部门之间进行"轮岗"。2016年,王小春还参加了行知创业学院主办的校创业大赛,同年参加了省大学生职业生涯规划与创业大赛创业实践组的比赛,并获得二等奖。

行知创业学院每学期都会举办创业沙龙、路演等活动,宋炬明不管多忙都会带着他的项目来路演,听听来自投资机构、企业等创业导师的意见和建议;信息工程学院还抽调部分计算机专业学科教师组成一个团队,在学生上班期间对他们进行指导。

**图5-2 学生在银泰西选O2O体验馆"365"跨境购电子商务
实践教学基地听导师讲解销售技巧的场景**

2016年暑期,实验班学生牺牲休息时间,到银泰西选O2O体验馆实地站了一回柜台。"学得不好要补考,业绩如果出不来,也拿不到任何工资与奖金。"陆亚文说,"半工半读"的育人模式不仅对学生是考验,也对专业教师提出了更高的要求。一方面,教师必须充分利用90分钟的理论教学时间,加强内容的整合,挖掘有利于创新创业教育的内容;另一方面,学生在跨境电商的一线"实战",教师如果不跟上,怎么帮他们解决实际问题?

"创新创业教育是一种素质教育,也是一种能力教育。"筹建行知创业学院的时候,学校就给了创新创业教育这样一个明确的定位。宋炬明等学校的创业之星,在创业的同时,反哺学校,培养更多的"创客"同行者,他们会和学校一起,站在彼此的肩膀上,越站越高。

一、背景与理念

在 1943 年发表的《创造宣言》中,陶行知明确提出"创造是生活教育的目的",他富有诗意地宣称"处处是创造之地,天天是创造之时,人人是创造之人"。在校长谢列卫看来,陶先生所说的创造教育接近于今天全社会倡导的创新创业教育。他认为,依据陶行知的创造教育思想,高职创新创业教育应定位为提高学生素养的素质教育、提高人生质量的全面教育和贯穿学生一生成长的终身教育。

随着"创新创业"成为一项国家战略,学校逐渐认识到创新创业教育的重要性,2013 年 9 月,学校将"行知创业学院"筹建工作提上议事日程,成立了校创新创业工作领导小组和行知创业学院筹备小组。2014 年 11 月,行知创业学院制订出台相关管理制度,功能定位和管理构架基本完成。2015 年 3 月,建筑面积近 5000 平方米的行知创业学院由杭州市副市长陈红英女士揭牌宣告正式成立。

2015 年,国务院出台《关于深化高等学校创新创业教育改革的实施意见》,进一步推动大众创业、万众创新。为了全面贯彻党的教育方针,落实立德树人根本任务,深化高等学校创新创业教育改革,行知创业学院秉承教育家陶行知先生"生活即教育,社会即学校,教学做合一"的思想理念,以职业生涯规划为主线,以学生创新创业社团建设为抓手,有效整合学校资源,通过生涯教育、分层培养、模拟仿真、政策经验、创业社团、创业竞赛、项目孵化、作品展示等八项功能,激发学生的创业兴趣,培养学生的创业精神,提升学生的创业能力,从而建设具有杭科院特色的"知行合一"创新创业教育。

行知创业学院围绕"全覆盖、分层次、保重点"的创新创业教育体系,开展创新创业理论教育和创业实践教育。创业理论教育依托第一课堂和第二课堂开展的课程教育为主,以生涯教育、模拟仿真、分层培养和政策经验为辅;创业实践教育主要分成创业社团、创业竞赛、项目孵化、作品展示四个相互承接递进的层级,创业社团项目通过创业竞赛进行选拔,优选项目进入项目孵化,项目孵化出的好项目再进行创业实践升级。为了给不同层级创业的学生提供相适应、相匹配的理论教育和实践指导,特开设雏鹰班、飞鹰班和雄鹰班。

在学校"十三五"教育事业发展规划中,明确以行知创业学院建设为抓手,大力推进创新创业教育。以"面上覆盖""点上突破"为目标,探索构建"通识课程＋创新创业课程＋专业课程＋实践教学"的模块化课程体系。建立完善创业社团—创业竞赛—项目孵化三个层次相互承接递进的创业实践机制。充分发挥行知创业学院作为创新创业实践基地的作用,争取把学校创业园打造成集大学生创新创业教育、高科技项目孵化、创业支撑环境优良的"创客空间",最终实现以德树人的育人总目标,引导教育学生德业兼修,知行合一。

二、主要做法与特色

学校将创新创业工作列入学校重点工作,以创新创业教育为突破口深化人才培养模式改革,建立健全"全覆盖、分层次、保重点"的创新创业教育体系,将学生的创新创业意识培养和创新思维养成融入教育教学全过程,实现专业教育与创新创业教育有机融合,大力弘扬"工匠精神",注重学生文化素质、科学素养、综合职业能力和可持续发展能力培养,构建起以行知文化为引领、以职业发展为导向的育人模式,形成了职业技能与职业素养并重,基础理论与实践操作并重,校内教学与校外实习并重,第一课堂与第二课堂并重的人才培养过程。

图5-3 行知创业学院宣传册

行知创业学院由分管学生工作的副校长担任院长,招生就业处、教务处、学生处(团委)负责人担任副院长,办公室设在招生就业处。学院实行二级管理,各二级学院设立创新创业服务分中心,促进行知创业学院与各二级学院在创业孵化基地和创业实践基地的管理、创新创业实践活动课时(学分)认定等创新创业工作的研究部署。

行知创业学院从"一个目标明晰定位、两大功能搭建平台、三个层次梯度培养、四个并重全程覆盖"构建空间布局和功能实现。

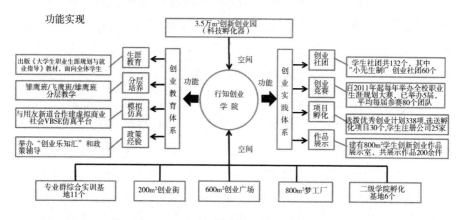

图5-4 行知创业学院空间布局和功能实现图

1. 一个目标明晰定位

传承陶行知"生活即教育、社会即学校、教学做合一"等教育理念,把创新创业教育目标与高职人才培养的素质、能力和知识目标有机统一起来,培养高职学生的创新精神、创业意识和创业技能,实现高职教育以"就业为导向"向"职业发展为导向"的目标跨越。

2. 两大功能搭建平台

按照创业教育和创业实践两大功能要求,搭建创新创业教育实践平台:(1)创建省内最早的创业学院之一——行知创业学院,作为创新创业教育统筹机构,提供"一站式"创业教育和实践服务;(2)建设3.5万平方米、17层高的创业园大楼,引进科技孵化企业30余家;(3)累计投资3000多万元建成了ERP模拟企业运营实训中心、汽车工程技术应用中心和绿色建筑工程创新中心等专业群实践基地11个,与合作企业共建校外实践基地230余个;(4)提供"创客空间"1500平方米,依托专业建立校内孵化基地6个,在学生生活区建立创业街。

3. 三个层次梯度培养

在面向全体学生开展普及性创新创业教育的基础上,选拔创业苗子和团队,开设雏鹰班、飞鹰班和雄鹰班,分三个层次提供与之相适应、相匹配的创业理论教育和实践指导。雏鹰班主要面向有创业意愿的学生,飞鹰班针对有实际在营项目的学生,雄鹰班主要面向已经注册公司的学生。

4. 四个并重全程覆盖

改革人才培养方案,"理实一体化"和"项目制教学"等实践性教学环节占总学时60%以上;大力开设选修课和素质拓展课,独立设置素质拓展活动周和专用时间;打通素质拓展认定学分与毕业学分互通立交桥,形成"职业技能与职业素养并重、基础理论与实际操作并重、校内教学与校外实践并重、第一课堂与第二课堂并重"的人才培养过程,实现"全覆盖、分层次、保重点"的创新创业教育要求。

三、工作成效

1. 人才培养成效显著

2011年以来,学校创新创业教育实现全覆盖,培养学生近20000名,近950名学生被选拔进入行知创业学院雏鹰班学习,120余名学生进入飞鹰班学习,50余名学生晋升到雄鹰班学习。累计完成创业培训1500余人次,选拔优秀创业计划400余项,学生注册成立公司79家,涌现出一批"创业明星"。学生参加省级及以上创新创业类竞赛成绩连年攀升,一类竞赛获奖率年增长40%,七年共获各类奖项439个,其中省级一等奖及国家级奖项180个。

2. 理论研究成果丰硕

出版相关教材1本;立项课题9项,其中省部级1项,厅局级5项,省现代职业教育中心基地课题1项,校级2项;发表相关论文6篇;获省级学会优秀论文一、二、三等奖各1项。

3. 推广应用范围广泛

先后在中陶会高工委年会、浙江省高教工作会议上做专题交流,得到一致好评。行知创业学院被KAB全国推广办公室认定为"大学生KAB创业教育基地"。学校当选为全国高职高专创新创业教育协作会常务理事单位。成果连续三年获得市就业管理服务局10万元、12万元、13万元的建设经费支持。学校创业园被确定为市大学生创业园。100余所国(境)内外高校前来学习考察,对成果均给予了很高评价。

4. 社会综合反响良好

中国教育学会原会长顾明远,湖北省人大常委会副主任、中陶会常务副会长周洪宇教授,台湾东南科技大学校长李清吟等专家对学校创新创业教育成果给予了高度评价。杭州市人民政府副市长陈红英对该成果专门做出批示:"杭州科技职业技术学院作为一所年轻的高职院校,在其发展的历程中,以创新创业教育引领发展,取得了明显成效"。

《中国教育报》《浙江教育报》《杭州日报》以及浙江电视台等主流媒体 10 余次专题报道学校创新创业教育成果,引起了教育同行和社会各界的广泛关注,获得了较高的社会声誉。

（撰稿:徐莉君）

梧桐花开凤凰自来

"创造教育在于启发人的创造力,推动人类社会的进步与发展。"——陶行知

一头体格健壮的犀牛,低调务实、脚踏实地,砥砺前行——这就是杭州维彬科技有限公司的自有品牌商标:万豪(WANHAO)。2016年,万豪品牌的3D打印机在全球销量中排名第三,在欧美客户中享有很高的知名度和美誉度。

图5-5　杭州维彬科技有限公司商标-万豪

从成都理工大学国际贸易专业毕业的陈亮,一开始从事的是出口贸易工作,与外商业务联系较多。在2011年起给国外3D打印机公司提供配件的贸易中,他敏锐地嗅到了3D打印技术发展的巨大商机。3D打印技术是一种数字模型文件为基础,运用粉末状金属或塑料等可黏合材料,通过逐层打印的方式来构造物体的技术,该技术出现在20世纪90年代中期,新世纪以来在国外得到越来越多领域的广泛运用。陈亮利用自己的英语语言优势,认真钻研技术,建立起了自己的技术团队,研发3D打印机。2014年,陈亮带着自己的研发成果,来到杭州科技职业技术学院创业园孵化器,投入资金200万元,注册成立了杭州维彬科技有限公司,

开始了小公司孵化成长的创业征程。

作为一家集专业研发、设计、制造、销售、安装及服务为一体的科技型企业,杭州维彬科技有限公司的发展受到了学校和当地政府领导的高度重视。2014 年 7 月,谢列卫校长在陪同时任富阳市市长的黄海峰同志参观考察公司发展时,了解到这家高科技公司的发展前景,校政双方当即明确予以孵化政策的大力支持。富阳科技局、经信局等政府部门负责人多次来公司,了解企业的孵化发展。公司与学校签订《校企合作协议》,充分利用学校的技术和人力资源,共同开展产品的设计研发、生产装配及出口销售。

在各项利好条件、孵化政策的推动下,杭州维彬科技有限公司得到了快速发展。通过自主研发,公司主要产品(服务)的核心技术拥有自主知识产权,已申请专利 29 项,已获 16 项实用新型专利,4 项外观设计专利;主要产品有勇士 3 号、勇士 4 号、勇士 4X 号、勇士 5 号、勇士 6 号、勇士 7 号 3D 打印机及其配件,实现了产品多样化。在公司产品销售方面,2014 年即获得阿里巴巴组织评选的"签约之王"第一名和"旺铺达人"第二名的佳绩,海外销售点由 2014 年的十几个扩大到现在的 76 个,遍及全球 70 个国家和地区,均可提供当地购买当地维修的售后服务。公司的产值也是成每年翻番的增长趋势:2014 年 587 万元,2015 年 1382 万元,2016 年 4393 万元,预计 2017 年达到 1 亿元。

随着公司规模的不断壮大,获得的荣誉称号也在不断提升。公司在 2015 年 1 月被认定为富阳区科技孵化企业,并获得孵化企业创业资助项目一等奖;2015 年 4 月被认定为浙江省科技型企业,7 月被认定为杭州市高新技术企业,11 月被认定为杭州市雏鹰计划企业;2016 年 10 月被评为浙江省高成长科技型中小企业,11 月被认定为国家重点支持的高新技术企业。

犹如一只孵化出壳的小鸡,在母鸡精心照料下茁壮成长,等到羽翼丰满时,她必将离开母鸡温暖的怀抱,去开拓属于自己的世界。2016 年底,受场地的限制,已经孵化成功的维彬科技公司将主要生产装配车间搬出创业园,在富阳场口高新技术开发区斥资买地开始建设自己的大楼。

"有多家国内外上市公司很看好我们公司的发展前景,愿意出高价收购,我们都没有答应。想想自己辛辛苦苦打拼创下的这份产业,真的舍不得",公司副总、财务总监华勤儿满含深情地说道,"作为创业园孵化成长起来的一家公司,无论我们以后发展壮大到什么程度,我们都不会忘记创业园孵化器这一发家之地。"谈到公司的发展前景,公司总经理陈亮表示:"目前维彬科技电商平台产品稳居第一,渠道建设如火如荼,下一步,维彬科技将以更具开放的合作方式,更有竞争力的市场价格,更强劲的市场推广来抢占3D打印机的蓝海市场。"

2017年,杭州维彬科技有限公司作为一家成功的孵化器毕业企业,在原来与学校开展良好校企合作的基础上,决定提升合作层次,再次与学校联手,校企合作开展现代学徒制试点工作,以另一种互利共赢的方式"反哺"学校。

一、背景与理念

现代职业教育强调"坚持产教融合、校企合作,坚持工学结合、知行合一"。学校在新校区建设规划时,就充分考虑到现代职业教育的特点,在实训楼中单独建设一栋独体建筑,作为学校的创业园。创业园以良好的办公条件吸引各类科技企业入驻发展,开展紧密型的校企合作,促进学校、企业、社会的共同发展。

杭州科技职业技术学院创业园孵化器就是以创业园为依托平台,通过引企入园孵化,不断完善"科技人才服务、企业发展服务和科研成果转化"三大平台建设,并积极推进企业与各二级学院开展深度合作,按照"全覆盖、分层次、保重点"的方针加强大学生创新创业教育,努力把创业园打造成一个集校企深度合作、科技企业孵化、大学生创新创业于一体,管理规范、设施完善、服务高端的综合性示范园区。充分利用校园内拥有

创业园的优势,与政府部门积极对接,开展科技企业孵化器建设,以期达到以下目的:

图5-6　杭州科技职业技术学院创业园外观

1. 通过产教融合、校企合作,有力促进学校的办学发展

现代职业教育培养的是高素质技术技能人才,教学上要注重与行业、企业的融合衔接,特别重视实习实训环节。学校创业园内的校企合作既能拉近专业与产业的距离,又能方便教师下企业锻炼及横向课题研究,对学校办学专业和各项事业的发展是一个有力促进。

2. 通过校政合作、企业孵化,提升学校服务社会的能力

学校出场地,政府出政策——科技企业孵化器是校政合作的成果。科技企业孵化器建设以政策引导产业集聚,有效促进了企业转型升级和当地经济发展,有效提升了学校服务社会的能力。

3. 通过工学结合、知行合一,推进学生的创新创业教育

陶行知在《创造宣言》中提出,创造教育的目标是要培养一种具有创造精神和创造能力的“真善美的活人”,“真善美的活人”又是手脑双全的人。学生在校园内一边学习,一边到创业园企业参加实习实训等实践活动;在企业里的各类实践活动可以培养学生的创新创业意识。

二、主要做法与特色

杭州科技职业技术学院创业园位于富阳区高科路 198 号的高桥主校区,是一座 17 层的独体建筑大楼,楼宇建筑面积达 3.5 万平方米。创业园内装修精致大气,水、电、空调、电梯、网络等基础设施一应俱全,一楼大厅以行知文化引领,融合企业文化,形成浓厚的创业文化氛围;园区提供停车、餐饮、安保等各项优质服务。

根据大楼的功能规划布局,1 至 3 层是大学生创新创业孵化基地,4 层是孵化企业创新创业教育培训基地,5 层是孵化器管理办公及公共服务配套用房,6 至 17 层全部用于孵化企业入驻。

1. 明确孵化器的特色及重点

杭科院创业园孵化器根据学校所在地和学校自身办学的发展实际,将孵化器的发展特色定位为利用高职院校的自身优势服务当地社会经济的发展。孵化的重点领域在杭州市及富阳区,重点推进发展和学校办学专业相关联的产业:电子商务、信息软件、物联网、文化创意、先进装备制造、金融服务、旅游休闲、节能环保、新能源、新材料等。

2. 对接政府部门的扶持政策

学校与杭州市科委、富阳区科技局保持紧密联系,对接、落实对创业园内各孵化企业的扶持政策:

孵化企业的创业项目经专家评审,根据项目的技术水平、可行性、商业模式、市场前景等进行综合评价,按 A、B、C 类进行分类,给予资金资助;学校设置标准,对孵化器内的孵化企业按照入驻年限和项目质量给予房租补贴;孵化企业获得银行贷款的,按照不超过当年实际贷款额银行基准利息的 50% 给予三年贴息补助,鼓励社会投资机构、民营企业进行各类投资,政府创业投资引导基金和风险池资金优先跟投或贷款支持;孵化企业入孵三年内自身缴纳增值税、营业税所形成的地方留成部分的 80% 补助给企业;企业孵化期满当年度主营业务收入达到额定目标的,也可享受资金资助;孵化企业列入杭州市雏鹰计划、青蓝计划、蒲公英计划及各类科技计划项目等资助的,按上级要求给予企业最高不超1∶1的比例配套资助。

3. 大力引进科技企业,深入推进"产教融合"

创业园充分发挥高校的人力资源和科研优势,强化人才支撑和技术支持,助力科技孵化企业的持续发展。

(1)选择优质企业入驻。根据杭州市、富阳区的重点产业发展方向和学校办学专业建设的实际,选择一些符合孵化器特色及重点、有发展潜力的优质企业入驻。

(2)签订校企合作协议。入驻企业均须与学校签订《校企合作协议》,合作内容涉及专业、课程、实习、实训、师资、设备、捐赠、课题、科研等方面。学校对入驻企业开展合作情况进行考核,考核结果与企业入驻优惠政策挂钩。

(3)合作开展科研攻关。鼓励学校教师或带领学生团队深入创业园企业进行实践锻炼,为企业提供各类技术服务,并根据企业的发展需求合作开展科研攻关。

(4)开展现代学徒制试点。利用创业园这一"校中厂"的有利条件,选择1—2家优质企业与相关二级学院开展现代学徒制试点工作,探索人才培养模式改革。

4. 不断提升管理服务水平,保障创业园可持续发展

(1)完善服务体系。在创业园管理委员会的统一领导下,加强创业园公共服务配套体系建设,在物业、信息、培训、财务、融资等方面为孵化企业提供高质量服务。

(2)理顺管理体制。由富阳科新物业管理有限公司直接管理,成立服务机构,下设办公室、人才服务部、企业发展服务部等部门,建立健全《杭州科技职业技术学院创业园孵化器管理办法》《杭州科技职业技术学院创业园孵化器入孵企业年度考核管理办法》《杭州科技职业技术学院

创业园孵化器入孵企业毕业管理办法》等管理制度,为创业人员和入孵企业协助提供政策咨询、工商税务登记代办、开办指导、创业交流等相关服务,并邀请专家不定期为入孵企业提供针对性的咨询和指导,解决企业发展过程中的各类问题,指导督促入孵企业依法经营,与劳动者签订劳动合同并依法参加社会保险,落实安全责任制,保证产品质量和服务质量。

图5-7 创业园二楼:创业咖啡

(3)规范使用资金。建立扶持资金使用专账,确保资金用于落实孵化政策和提高孵化基地服务水平。资金使用接受上级业务主管部门、人社、财政、审计等部门的监督检查。

(4)优化后勤服务。建设好园内的"创业咖啡"及公共会议室,为入孵企业提供良好的商务洽谈和会务服务;作为创业园的配套设施,正在动工建设的杭科院餐饮实训楼位于创业园大楼东边,规划有酒店、国际教育交流中心和食堂,建成投入使用后将极大改善创业园孵化器的工作、生活条件。

三、工作成效

在学校领导的高度重视和当地政府的政策支持下,通过几年来"引企入园"工作的大力开展,科技企业孵化器的建设工作取得了阶梯式发展的显著成效。截至2017年上半年,创业园入驻企业达到45家,其中科技孵化企业26家。2014年12月,创业园孵化器被认定为杭州市富阳区首家"科技企业孵化器";2016年10月,创业园孵化器被认定为杭州市级科技企业孵化器。

图5-8　科技企业孵化器牌匾

在区域经济良好发展的强劲势头带动下,创业园内各入驻企业年产值近年来有大幅度的提升:2014年2682万元、2015年3.01亿元、2016年4.45亿元,为富阳区的经济转型和社会发展作出了巨大的贡献。

（撰稿:洪新军）

创意·创艺·创益

"我们主张'行动'是中国教育的开始,'创造'是中国教育的完成。"——陶行知

陈宇强,富阳视方广告有限公司创始人,杭州科技职业技术学院艺术设计学院 2012 届装潢艺术设计专业毕业生,尚艺平面设计工作室第二任掌门人,原本学的是室内设计专业,毕业后跨专业自主创业。

起初是因为一项获奖的设计竞赛,艺术设计学院找到金奖得主陈宇强,希望他加入成立一个服务校方的设计类工作室,于是低年级的陈宇强与其他学生一同在学院指导老师的指导下,组建了专业社团——尚艺平面设计工作室,并开始到学校各职能部门寻找业务。他们的第一单生意是帮教务处设计技能大赛展板,之后慢慢拓展到帮校报排版、做宣传册。刚开始工作很辛苦,经常熬夜赶工,还没报酬,随着时日推移,工作室发展得越来越好,从校内做到了校外,渐渐能承接校内外许多大大小小的项目。伴随着社团的发展,陈宇强也一同成长了,参与了三届学校技能竞赛大赛标志设计、学校宣传册、多项 A 级设计竞赛,并取得了不错的奖项。

陈宇强回忆:"之前我并不是乖学生,经常跷课,看设计展,看历史遗迹,靠着拿一些 A 级设计竞赛的名次换得教师的谅解。毕业前夕,在同学们都已经开始校对打印毕业设计的时候,我还是一片空白。恰好此时,我迎来了人生中第一次重大的转变,富阳一家标识企业因为富阳区妇幼保健院的 VI 与导视系统设计一直没有完成,求助于艺术设计学院,于是院长特准恩赐我完成此项目的毕业设计。攸关毕业大事,我认真对待并全力以赴,最终顺利完成设计任务,我也从此成了他们的设计师,踏出了留在富阳的第一步。"也是从此时起,陈宇强萌生出要自主创业的想法。

有实践验证的专业知识和能力,有学校业务的基本保障,有学院和老师的支持,陈宇强最终于2012年注册成立了富阳视方广告有限公司。公司最早的办公地点就在社团内,用学院电脑开始接业务,购置的所有办公用品仅为1500元的洽谈桌与3000元的佳能打印机,就连与客户校稿面谈的合适场地都没有,业务大部分是在校内。后来依靠学院帮助和推荐,校内业务量逐渐增多。如今富阳视方广告有限公司发展稳定,凭借越来越出色的稿件完成量,不断得到客户的认可,校外业务量日益扩大。

依陈宇强的表述:"是大学里的导师们缓缓拉开我创业的序章。创业初期,设计人才短缺,艺术设计学院帮我找到了专业能力比较好的社团学员进行兼职,解决燃眉之急。后期招全职设计师,由于富阳地区相对较偏,很难招到符合要求的设计师,只能降低要求先行招入,然后由学院老师进行专业指导培训,再上岗。"

2015年,陈宇强收到迪拜一家设计公司的任职邀请函,设计公司邀他加入2020年将在迪拜举办的世博会的设计师行列,此时视方广告有限公司已拥有了创业园一间170平方米的办公室,同时也拥有了一个更完整、更专业的团队。他徘徊犹豫多日,还是没舍得这个小小的团队,最终选择留在了富阳,但意想不到的是迪拜和澳洲的客户竟渐渐带着生意找上门来。如今富阳视方广告有限公司仍留在学校创业园,主营品牌形象设计、对外展会设计施工等。公司被富阳市科技局评定为创新型企业,被富阳人事局评定为优秀大学生创业项目。

在杭科院校园里像陈宇强一样的同学还有很多,他们怀揣理想,步伐坚定,在学校的支持下,努力实现着他们的创业梦想。

一、背景与理念

早在2007年杭州提出打造"全国文化创意产业中心",文创产业助推杭州经济转型升级,快速发展成为杭州第一大产业。杭州科技职业技术学院地处杭州,艺术设计学院下设专业隶属文化创意产业,正好搭上了杭州市文创产业发展的顺风车。学校立足于培养具有创造精神的文化创意人才,坚持"能力本位、工学结合、校企合作、持续发展"的人才培养之路,重视对学生的创新思维能力、实际动手能力、专业适应能力和就业创业能力的培养,致力于创新创业教育的探索。

在人才培养探索过程中,学校以培养应用型、创业型的复合型人才为目标,以陶行知的创造教育思想为指导,秉承"主张'行动'是中国教育的开始,'创造'是中国教育的完成"①的教育宗旨,重视"做",经历了从混沌到逐渐清晰的探索路程后,最终形成了师生参与、多级联动、体系健全的"创意·创艺·创益"三创文化概念。

1. 以创造教育思想指导人才培养

"行是知之始,知是行之成",陶行知教育思想鼓励实践,鼓励动手动脑去做,"创造教育非但要教,并且要学要做",而"做的最高境界就是创造"。实践是陶行知创造教育的核心内容。不论是课程教学还是第二课堂,学校鼓励学生动手动脑。课程教学以真实项目或模拟真实项目作为作业进行考核,第二课堂帮助学生联系校外业务,对接社会和企业,实现教学做的统一。

2. 以三创文化理念彰显专业特色

"创意·创艺·创益"文化提炼自学校文创人才培养经验,在教学育人的道路上不断得到充盈和丰富,反过来再来指导人才培养的实践行动。三创文化可以解读为三个方面:创新创业的理念和精神、有创新创业的知识和技能、给自己及社会带来好处和帮助。文化的辐射对象为全院全体学生,通过专业教学改革、社团工作室、创翼基地、校内外产学研实践基地等基础单位的协同培育,使创新创业教育成为一种通识教育,培养全体学生的创新创业意识和技能,为部分有志于从事创新创业实践的学生提供针对性的支持。

---

① 《陶行知全集》(第三卷),四川教育出版社1991年版,第451页。

二、主要做法与特色

陶行知的创造教育思想主张"由行动而发生思想,由思想产生新价值,这就是创造的过程",认为任何主体都可以通过在做中得到学习,收获真知识,是一个能启发他人创造力的教育思想。在陶行知创造教育思想的指导启迪下,学校创新创业教育探索也经历了从"做"到"萌生新思想"的创造过程,鼓励"行动教育"。通过资源整合和载体培育,形成一种良性的循环和有艺术设计专业特色的人才培养模式。

1. 强化实践意识培养,加速知识吸收转化

从学生根据兴趣自发成立社团,到配备专业指导老师建成专业社团,再通过项目化运作升级为专业工作室,学校在不断的改进中,逐渐形成工作室文化,在工作室环境氛围中培养学生的专业实践能力和创意理念。学校鼓励更多的学生投入到创新创业的比赛活动中,以赛促学、以赛促能,通过同学之间、社团之间你追我赶的竞争氛围达到共同的进步和提高。同时,学校通过实践活动,强化理论联系实践的意识教育,加强社会需要和学生专业知识的结合度。不少社团工作室在学校支持下,独立承接业务,如地标工作室完成了学校部分区域的景观设计,尚艺平面工作室完成了学校心意茶叶礼盒包装设计,装饰工作室完成了学校礼品陶盘设计和"校长请我喝杯茶"的茶具设计等。

图5-9 学生设计的"我与校长喝杯茶"活动茶具

2. 升级创新创业形式, 服务学生能力发展

学校于 2012 年设置大学生创业孵化基地——创翼基地, 为更全面系统地服务学生发展, 2016 年初升级成立艺术设计学院创新创业服务分中心, 下设创翼基地、创新设计中心和文化创意中心, 是一个组织管理大学生创新创业教育活动、支持创新活动、孵化创业企业、培养优秀毕业生的综合服务平台。

分中心以创翼基地为创业意识教育的主要依托, 通过提供知识培训、参观体验、电子商务运营、面对面沙龙会等开展创业服务。自成立以来, 创翼基地连续五年开展校职业生涯大赛组织赛前培训, 培训内容包括市场分析、创业计划书书写技巧等系列内容, 连续两年获得校职业生涯大赛最佳组织奖, 三次获得校"十佳社团"荣誉称号。

创新设计中心和文化创意中心是针对学生创新而设, 前者以创新设计研究为主, 鼓励各类竞赛活动, 旨在营造校内外浓厚的设计氛围, 为参赛学生提供集中培训和对口指导, 加强设计对创新型社会的推动; 后者为学校师生文化创意设计实践活动提供固定场所和设备资源, 主要负责校企合作项目培育, 以项目制的方式推进学生创新创业应用能力发展。

3. 创新教学方式改革, 校企协同培育人才

学校改革教学方法和考核方式, 把教学内容与实际需要相结合, 以创新性为重要考量内容。以专业社团为依托, 开展专业项目实践, 用社会价值的尺度直接衡量学生的创新创业知识和能力, 作为学生课程成绩的重要参考依据, 通过项目小组的学习方式推进学生创新创业应用能力发展。同时, 企业为学生、社团提供学习服务, 协同培育学生的理论和实践结合能力。学校拥有多家校外实训基地, 与浙江九鼎装饰建筑装饰工程有限公司共同建立"九鼎学院", 与浙江地标建筑设计有限公司合作设立"地标奖学金", 2015 年与杭州之江文化创意园签订战略合作协议, 在创业园区挂牌成立了杭州大学生实践实习基地, 创业园区派出专业技术人员参与学生的教学。此外, 创业园区还为学生提供兼职与就业岗位,并向有意入驻园区的学生企业提供房租补贴等优惠。

4. 增加校外实践机会,服务地方文化建设

立足专业,走出校园,加强校企合作、校地合作,学校不仅利用杭州大学生创意生活节、富阳春季创意集市和"印象·艺术"文化节等平台,为学生的知识成果转化提供更多的方向和渠道,而且更多地走向校外,与富阳当地政府合作,服务地方。2017 年 7 月,学校墙绘实践小分队前往富阳东洲何埭村开展"共绘美丽乡村,助力五水共治"主题墙绘活动,得到何埭村村干部的高度赞赏,他们真诚希望今后能和学校继续开展合作。通过与外界的学习和交流,学生对地方传统文化有了更深的了解,其创新创业的实际应用能力也大幅提升。

图 5-10　学生在乡村现场墙绘

三、工作成效

1. 教学效果日趋凸显,学生作品转化率渐高

学校教学改革初探,艺术类专业学生承接了许多校内外实际项目,其中不少优质课程作业得到实际应用转化。

广告专业学生首先试水,参与杭州之江文化创意园企业的 2225 个文化古村落文化保护推广项目,并负责学校每年技能大赛宣传设计,2016 年完成富阳人民医院的内部宣传设计等。该专业周雅琪同学设计了行知

文化系列作品,其中校园一卡通设计已投入使用。西湖正像工作室 2016年承接两家淘宝店家的图片拍摄和校外弗雷内研讨会的现场拍摄工作。室内专业学生完成行知师生服务大厅内部行知轩的改造设计、科院易购Logo 设计、科院易购外部改造、食堂美化和宿舍生活区内中国电信营业厅内部改造设计。景观专业学生 2016 年承接洪水坝一级驿站 SU 建筑模型、鹿山—银湖小城镇环境整治规划 SU 建筑模型、蒋家村花海 SU 建筑模型、环山乡 SU 建筑模型等多个项目。

图 5 – 11　周雅琪同学设计的行知系列校园一卡通

2. 各类竞赛成绩斐然,学生知识能力提升明显

近三年,学校艺术类学生在各类比赛中取得不错的成绩,专业类比赛获得一等奖 10 余项、二等奖近 30 项、三等奖 30 余项。创新类作品《"福藏衣事"禅服概念店室内设计》和《陶瓷现代首饰设计》分别获浙江省第

五届职业院校"挑战杯"创新创业竞赛二等奖和三等奖。广告专业章菲菲在 2014 年中国技能大赛暨第 43 届世界技能大赛平面设计技术选拔赛中,获得了浙江省第一名、全国第十七名;装饰专业尹海容获得 2015 年"亚洲杯"大学生生肖文化设计大赛银奖;室内专业杨培培的设计方案《芜湖·伟星　银湖时代》在"2015 杭州国际空间陈设大赛"中成功入围 20 强,并斩获最佳空间新人奖;建筑装饰工程技术专业的张珊珊等人获得 2016 年第三届全国职业院校"建筑装饰综合技能"竞赛团体一等奖、建筑装饰施工图绘制单项一等奖,王园园荣获清单编制一等奖。

3. 校外合作项目增多,专业的社会影响力日益扩大

基于校地合作的契机,装饰、室内等专业社团参与富阳美丽乡村的综合改造项目,2017 年 5 月已完成富阳常安镇安禾村和沧州村的前期墙绘,后期将继续负责当地的主要景观道路设计。此外,广告专业团队将继续参与安禾村的"家文化"品牌建设,负责海报设计和 logo 设计,积极志愿服务"家文化"活动。为进一步展示学校专业和寻找合作机会,学校已确定今年的"印象·艺术"文化节举办地由校内迁至常安镇当地。常安镇本地资源丰富,但因地处偏僻而鲜为人知,在当地举办"印象·艺术"文化节,不仅能给专业社团与街道、企业的沟通带来更多便利,也为专业社团提供了更多的项目承接机会,如当地农副产品的包装设计、村 VI 设计等,"印象·艺术"文化节将升级为吸引企业与学校合作的窗口,而校园三创文化也将随之渗透到地方文化中。

(撰稿:聂玉玲、刘育峰)

爱拼才会赢

"手和脑在一块儿干,是创造教育的开始;手脑双全,是创造教育的目的。"——陶行知

耿磊,城建学院2015届建筑经济管理专业毕业生,1994年出生的南京小伙。在2017年浙江省第三届"互联网+"大学生创新创业大赛中,他的创业项目"领路职教"一路过关斩将,荣获"就业型创业组"金奖,这也是学校在该赛事中的历史最佳成绩。

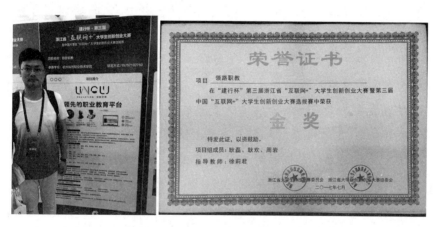

图5-12 耿磊获2017年"建行杯"第三届浙江省"互联网+"大学生创新创业大赛金奖

耿磊从小受家庭创业氛围的熏陶,2012考入大学后,在学校创业孵化教育影响下,他有了自己的创业想法。大一期间,他就加入了城建学院创业孵化基地——蜂巢工作室工作,一起与同学开始策划"旅游天堂APP"项目,专门为大学生提供物美价廉的周边旅游服务,该项目在当年参加学校创业大赛,并获得了二等奖。在经过校创业比赛评委们的指导

与后期的努力实践运营,耿磊从"旅游天堂"创业项目中赚到了人生的第一桶金。

"创业就是一个不断折腾的过程。"耿磊表示。在之后的一段时间里,他积极参加各类创业培训和实践活动。在杭州市团委举办的文创企业家孵化培训中,他遇到了杭州讯米科技有限公司的总经理杨广领先生,在旅游项目上两人的想法不谋而合。于是,耿磊有了第二次创业经历,他们联合成立了杭州想走就走电子商务有限公司,主要在"阿里旅行—去啊"上做海南以及浙江省的旅游景区门票和酒店住宿的销售。一年里他们做到了 1.2 个亿的销售额,并且多次荣登天猫同类产品搜索榜的榜首位置。有了这两次成功经历,耿磊对创业更有自信。

随后,他发现城建学院学生考建筑类五大员证的需求比较大,于是有了第三个创业项目—考证培训。经过一年多的努力,他的培训业务做得风生水起,这也为他后来做职业教育打下了扎实的基础。2014 年,耿磊被杭州市团委文创办推荐参加浙江经视举办的《浙商好徒弟》节目,并当场被新光集团董事长周晓光收为关门弟子。2015 年,他先后成立了杭州富阳蜂巢教育咨询有限公司和杭州富阳易轩电子商务有限公司,前者专门做教育咨询,后者则专门从事个人及团队旅游服务。随后,他还参加了富阳区大学生创业大赛和富阳区第一届电子商务大赛,荣获富阳区大学生创业大赛创意组一等奖和富阳区第一届电子商务大赛铜奖,获得 15 万元的无息贷款。2016 年,耿磊成立了杭州领路教育咨询有限公司,专注于毕业生职业能力的培养。经过一年多的打磨,公司在 2017 年获得了 120 万元的融资。

"我参加过不少创业类大赛,这些赛事让我遇到良师,结识同伴,用别人的智慧点亮自己的火花。"耿磊说,一次次大赛见证了他的成长,"创业这件事,爱拼才会赢"。

一、背景与理念

为积极响应国家"大众创业,万众创新"精神,加强和深入推进我校创新创业教育工作,促进毕业生更高质量就业创业,激发在校大学生创新创业热情,围绕职业规划开展创新创业教育,引导学生用创业思维和创新精神来思考、筹划自己未来的职业发展和人生规划,促进学生转变传统就业观念和就业模式,发展自主就业和自主创业,从而实现培养应用型、创新型、复合型人才培养目标,学校通过多种途径开拓学生实践渠道,以建设校内校外实践基地、举办校级创新创业大赛、参加国家级、省市级创新创业大赛等方式为学生搭建创新创业实践平台。

学校关爱学生成长,围绕"手和脑在一块儿干,是创造教育的开始;手脑双全,是创造教育的目的"这个理念,在开展创新创业理论教育的同时,积极开展各种发挥"手脑双挥"作用的实践活动,特别是发挥好大赛平台的作用,让学生在校创新创业大赛、富阳区大学生创新创业大赛、中国杭州大学生创业大赛、浙江省"互联网+"大学生创新创业大赛、浙江省"挑战杯"大学生创业计划大赛、浙江省大学生职业生涯规划与创业大赛等各种舞台上,诠释他们的创新创业梦想,绽放他们独具魅力的青春风采。学校希望通过各类大赛更好地帮助学生"立志、修身、求知",以达到"手脑双全"的教育目的。

二、主要做法与特色

1. 释放梦想主题

2011 年学校举办了第一届职业生涯规划大赛,大赛的主题是"我主青春"。经过二级学院初赛、校级复赛、决赛,历时三个多月,最终决出冠亚季军。在二级学院初赛后,行知创业学院通过校外专家评审,决出复赛名单;并邀请校内外大赛指导专家通过开展讲座、培训等活动,对复赛的同学进行赛前培训。决赛则根据选手的文本陈述、职业角色模拟、答辩情况来进行最终的角逐。通过职业规划大赛,让同学们了解职业,认识职业,明确自己的职业目标,从而理性规划个人的职业生涯。2012 年大赛以"点燃梦想之火,燃烧创业激情"为主题,在全校范围内掀起了一股创业风,点燃了创业同学的激情。大赛分职业类和创业类两个内容,至此之后的大赛主题,无一不围绕"梦想"。

表 5 - 1 2011 - 2017 年七届大赛信息

时间	届次	主题
2011 年	第一届	我主青春
2012 年	第二届	点燃梦想之火,燃烧创业激情
2013 年	第三届	超越梦想,创造未来
2014 年	第四届	规划人生,放飞梦想
2015 年	第五届	聚梦想·创青春
2016 年	第六届	创新梦·创业梦
2017 年	第七届	畅青春·创未来

因为大学生的青春,只有种下"梦想"的种子,才能经过浇灌而茁壮成长。而学校正是点燃梦想的地方,教育者要帮助大学生实现梦想,让他们在梦想的道路上能够越走越远,越走越宽。

图 5 - 13 2017 年第七届大学生职业生涯规划与创业大赛

2. 提升赛事规格

2016 年,学校举办了第六届职业生涯规划与创业大赛,与浙江省创新创业赛事深度结合。在第六届校赛中,首次邀请了历届创业成功毕业生拍摄 VCR,畅谈他们的创业梦想与创业经历,分享他们创业故事的同时,鼓励学弟学妹们要激情创业、理性创业。2016 年 11 月,学校与富阳区人力资源和社会保障局共同举办富阳区大学生创业大赛,大赛分创意组和成长组。创意组参与对象为高校学生,成长组参与对象为毕业 5 年内富阳籍创业者。大赛共收到来自我校及浙江中医药大学、浙江长征职业技术学院等高校学生、富阳籍初创者 60 余个项目,最终 11 个项目获得创意组一、二、三等奖,15 个项目获得成长组一、二、三等奖。该赛事也得到了富阳区人力资源和社会保障局的高度肯定,并将此项赛事作为富阳地区常规赛事,每年与我校共同举办。学校利用大赛这一平台服务地方政府、地方经济,实现了大赛从 1.0 基础版升级到 2.0 版的成长。

图 5 – 14　2016 杭州市富阳区大学生创业大赛

大赛过程中,同学们饱满的精神、广阔的视野、冷静的表现、踏实的实践,得到了富阳区领导、企业家、投资者们的赞许。通过职业生涯规划与创业大赛这个平台,学生们更加感知到梦想的可贵,挑战的意义,也进一步增强了创新创业意识,体会到机遇往往来自于磨砺。

3. 培养创新理念

每年举办或参加各类创新创业大赛前,学校都会组织赛前培训、集训营等,邀请本科院校专家、企业家、历届大赛一等奖获得者来给参赛学生进行专业的培训,提升学生的创新意识、创意思维和创造能力。校行知创业学院也设置了相应的理论课程和实践课程,有创业想法的同学可报名进入"雏鹰班",学习 SYB、KAB、网上创业模拟等课程,并参加杭州市团市委、大学生创业联盟等组织的文创企业家孵化班、杭州市大学生创业学院培训班等活动,系统地接受创新创意思维理念和行为方式培养。

2011 年学校举办第一届职业生涯规划与创业大赛时,很多参赛学生根本不知道创业计划书是什么,创新创意的理念也跳不出传统销售方式、营销模式、经营理念的框框。6 年大赛,从零起步,让学生也让本校创业导师一点点改变,一点点积累,直到脱胎换骨。连续来校担任创新创业类大赛的评委们表示,明显感受到同学们的创业计划书写作、路演和项目演说的水平越来越好,而大赛评判项目的丰富经验也反过来给学生提供了更有效的帮助。2015 级信息工程学院学生钱凯懿首次参加校赛时,计划

图 5－15　2016 年第六届大学生职业生涯规划与创业大赛

书是坐在寝室"闭门造车"苦思冥想出来的,被校赛评委"尖锐"提问后,他认识到要了解项目的市场空间、竞争对手,必须跑出校门,走进企业,与社会接触。随后,他利用课余时间,跑遍萧山、富阳大大小小公办和民营养老院,设计问卷调查,采访了 200 多名老人、家属及工作人员,用数据、用案例来做实、做细自己的老年人养老项目。钱凯懿说:"大赛让我转变了思维,打通了我创新创业的'任督二脉'"。

三、工作成效

"职业生涯规划大赛"2016 年更名为"职业生涯规划与创业大赛",目前是杭州科技职业技术学院影响力大、参与人多的常规赛事之一。学校从 2011 年 3 月举办第一届职业生涯规划大赛以来,截至 2017 年 6 月第七届职业生涯规划与创业大赛结束,参与学生近 3000 人,其中参与职业规划类比赛的学生近 2000 人,参与创业类比赛的项目近 550 个。

大赛的参赛人数与参赛项目质量逐年提升,从 2011 年的 50 多人、10多个创业类项目,到 2013 年的 300 人、58 个创业类项目,再到 2016 年的1000 余人、120 多个创业项目,从最初的黑白版文书,到现在色泽鲜明的PDF 格式商业计划书,随着学校对创业教育、创业实践的重视,创新创业的理念渐渐在校内普及,学生的项目运作能力也明显提高。

在大赛中也成长起来一批优秀的选手。在 2017 年"建行杯"第三届浙江省"互联网＋"大学生创新创业大赛中,学校城建学院选手耿磊获得金奖,工商学院选手汪振平获得铜奖。在 2016 年"红船杯"第八届浙江省大学生职业生涯规划与创业大赛中,来自教育学院的选手朱雯嫡获得职业类一等奖,来自城建学院的选手俞勤文、信息工程学院的叶子获得创新创意类二等奖,来自信息工程学院选手王小春获得实践类二等奖,来自信息工程学院选手陈博杰获得创业实践类三等奖;在 2016 年第二届"互联网＋"大学生创新创业大赛中,信息工程学院选手宋炬明获得铜奖;在2016 中国大学生服务外包创新创业大赛中,城建学院选手王钟获得创业实践类三等奖。这些是学校在创业教育和创业实践上收获的丰硕成果，也激励着我们师生勇攀高峰,激流勇进。

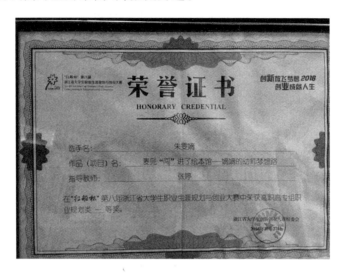

图 5-16　职业生涯规划与创业大赛一等奖证书

（撰稿:徐莉君）

第6章 生利主义之职业教育

生利主义之职业教育集中体现了陶行知的职业教育思想。他认为，职业学校有生利之师资、设备、课程，则教之事备，学生有最适之生利才能兴味，则学之事备。学生技能竞赛是一项实践性非常鲜明，同时又富有创造性与时代性的教学活动，以赛促教，展示学生良好的职业素养；以赛促建，推动专业建设的发展。技能名师工作室的领衔专家具有较高的技能水平，在带领学生完成教学任务、参加技能比赛及开展社会服务方面发挥了独特的作用。兴趣是最好的老师，学校以计算机类专业为试点，开展"大类招生，分类培养"，把学生的专业兴味放在重要位置上，深受学生欢迎。专业要对接产业，专业办学要增强市场意识，市政专业紧跟市场，重构人才培养目标，创新人才培养模式，推进教学改革，提升了毕业生的就业竞争力。

竞赛点亮人生

"学生有最适之生利才能兴味，则学之事备。"——陶行知

图6-1　国赛现场

林恺：机电工程学院2015届模具设计与制造专业毕业生，台州人。

林恺进入大学后，基于兴趣加入了校"三立"模具设计协会，这极大地丰富了他的课余生活。经过初步接触模具设计与制造专业，林恺发现他对模具的兴趣与日俱增，他的"手艺"也屡次被专业老师表扬。

在大学二年级，他参加了学校第五届学生技能大赛"金固"杯精密模具制造技术大赛，获得三等奖，并因此顺利入选校级专业技能训练队——"先进制造技术技能训练队"。这使得他对模具专业的学习更增信心。校队的集训让林恺的模具设计和加工制造装配的技术突飞猛进，同时也开拓了思维，培养了坚韧的精神。

凭借着飞速提高的专业技术技能水平和刻苦的学习态度，林恺通过了选拔，获得了代表学校参加省级、国家级一类竞赛的资格，并在竞赛中屡创佳绩：获浙江省"注塑模具CAD与主要零部件加工"项目三等奖，浙

江省"三维建模数字化设计与制造"项目二等奖,全国职业院校"三维建模数字化设计与制造"大赛二等奖,全国职业院校"塑料模具工程"竞赛三等奖。

图6-2 荣誉证书

毕业后,林恺选择进入了一家台州的模具公司,从最基本的钳工装配车间做起。由于扎实的专业设计及制造基础和吃苦耐劳的精神,短短两个月,他就被调到了设计部门,月薪也涨了一倍。随后,林恺参加中国美院的招聘面试,经过激烈的竞争,凭借着过硬的专业技术技能和以往各类技能比赛经验,以出色的表现获得了唯一一个实训指导教师岗名额。

图6-3 美院工作现场

现在的林恺工作忙碌但很幸福,他觉得眼前的一切得益于母校的培养,可谓"竞赛点亮人生,技能改变命运",杭科院的生活学习更让他养成了一个好习惯:在做中学、学中做,竭尽全力做好当前的事情。

王钦栋:城市建设学院2014届建筑经济管理专业毕业生,嵊州人。

王钦栋的大学生活基本上给了数学。他在校数学建模协会担任副会长一职,每周都要给协会学生上高等数学微积分的课程,每次上课前都会反复复习教学点,熟练掌握每个题目的解题过程。

王钦栋在大学期间最大的兴趣就是参加各类竞赛:数学建模、微积分、建筑识图、测量等。通过参加学校技能大赛,他凭借赛中的优异成绩顺利地进入校级专业技能训练队——数学建模竞赛队。别人有暑假,但他的暑假就是参加数学建模竞赛队的集训。而他也乐在其中,有时候做题目做到通宵不睡觉,寝室的人都说他着魔了,王钦栋说:"对,我被数学深深吸引。"当他投入到一个个题目当中,他会尝试不同的模型,失败成功不断循环,一步步得出结论,验证模型,这个过程的乐趣没有参加过的人无法体会。

图6-4　数学建模获奖团队合影,左三为王钦栋

2013年,经过严格的校内选拔,他和专技队中的其他几位同学一同组队参加了全国数学建模大赛,通过努力,获得了全国一等奖。三天三夜的比赛,不仅是个脑力活,还是个体力活。王钦栋说,参加数学建模竞赛团队协作精神十分重要,个人的力量是有限的,但团队的力量是无穷的,"相信自己,相信团队,无论碰到多大的难题,保持冷静,全力以赴地坚持,梦想一定会实现"。

大三时,同学们都去参加各种招聘会,投简历,王钦栋也开始加入寻找工作的队伍,但是他的内心是淡定的,这份淡定来源于参加校级专业技能训练队各级和各类竞赛历练出的自信、从容。一次偶然机会,学姐邀请他去所在公司实习,主要工作内容是金融分析。实习开始后,现实工作情况与想象的完全不一样,但是打小对数字敏感的王钦栋,很快就如鱼得水,在金融行业干得风生水起。工作半年,底薪从 2000 元涨到 5000 元,再到月薪过万。2014 年,王钦栋拿到了公司理财顾问部客户数 TOP3 的奖牌。对数学的浓厚兴趣,各类竞赛培养起来的坚持不放弃的性格,成就了王钦栋事业成功的基石。

图 6 – 5 理财顾问部 2014 年客户数 TOP3

一、背景与理念

陶行知先生提出"生活即教育""社会即学校"的教育主张,强调教育不能脱离生活,不能脱离社会,教育是随着时代的发展与进步而前进的,由社会决定,而不以人的主观愿望为方向。学生技能竞赛就是实践性非常鲜明,同时又富有创造性与时代性的教学活动,俗话说"百闻不如一见",在技能竞赛活动中则可谓是"百看不如一练",特别强调以"做"为主,这与陶行知提出以"做"为核心的教育理论非常契合。

学校每年定期举办校级技能大赛,要求每个专业至少承办一个比赛且对接省级技能大赛,每个赛项参与学生不少于30人。通过校级技能大赛选拔人才组建校级专业技能队,并拨专款支持开展赛前集训,积极备战各类省级技能大赛。学校建立了第二课堂与第一课堂学分互换机制,保障竞赛成绩转化为学分,最大限度调动学生积极性,也促进了教师将竞赛的经验传递到第一课堂,让竞赛和教学相辅相成。

二、主要做法与特色

经过几年校内外技能竞赛的经验积累,学校先后出台了《杭州科技职业技术学院学生竞赛工作管理办法(试行)》《杭州科技职业技术学院学生竞赛奖评选办法(试行)》两个学生竞赛相关制度和校级专业技能训练队管理制度,建立了从校内赛和校级专业技能训练队到省赛、国赛的技能大赛培养体系,如图6-6。

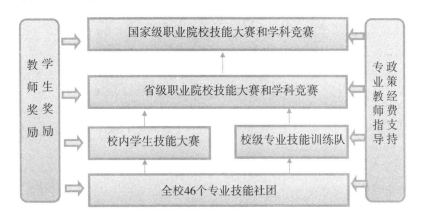

图6-6 技能大赛培育机制

1. 组织校级专业技能训练队

为培育优势竞赛项目,提高技能竞赛参赛水平,充分展示我校学子良好的精神风貌和职业素养,冲击全国、全省学科与职业技能竞赛最高荣誉,学校通过创新机制,将在校内技能大赛中涌现的优秀"苗子"以及技能竞赛专业社团中的骨干组成校级专业技能训练队,并设立专项经费,经过系统的重点培养和有针对性的强化训练,再经"项目化"锻炼,大大地提高了学生的参赛水平,并以点带面,辐射带动全体学生的技能素质提高。

2. 建立技能竞赛奖励制度

以校级专业技能训练队为切入点,以校内外技能大赛为平台,学校形成了一系列技能竞赛管理机制,使得校内的人、财、物,包括具有一定技能水平的学生、专业水平较高的指导教师、技能社团、各专业实训室、仪器设备以及经费等,在体制机制的链接下流畅地运行起来,真正达到人尽其才、物尽其用,既整合了资源,又走出了一条由专业社团到校内技能大赛,再到校外技能竞赛的技能学习提升之路。

3. 充分保障工作经费

学校设立年度各类竞赛专项资金,根据学生规模、往年竞赛成绩、年度竞赛任务等因素划拨到各二级学院(部),用于资助各类技能竞赛活动的开展,经费向校外一类竞赛和校内重点竞赛倾斜。

三、工作成效

1. 技能大赛成绩突飞猛进

经过几年校级技能大赛的沉淀,校级专业技能队的培育,"点面结合"技能竞赛创新机制效果明显,竞赛成绩年年创新高(见图6-7)。四年来由校级专业技能队培育的竞赛项目获得国家级一等奖3项、二等奖11项、三等奖2项;省级一等奖14项、省级二等奖106项、省级三等奖125项,如表6-1。

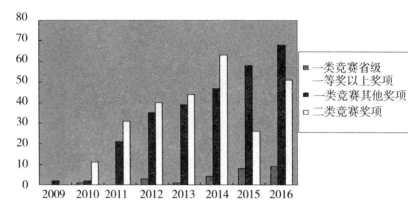

图 6-7 技能竞赛历年成果对比图

表 6-1 2014 年-2017 年校级专业技能训练队成果展示

序号	竞赛名称	年度	学院	竞赛级别	获奖等级	获奖学生	指导老师
1	全国职业院校技能大赛"注塑模具 CADCAE 与主要零件加工"竞赛	2015	机电工程学院	国家级	一等奖	韩喆 金鹏飞 魏银川	罗晓晔 程文
2	全国大学生数学建模竞赛	2016	公共教学部	国家级	一等奖	陈建 俞佳威 方剑霞	数模组
3	中国技能大赛第二届全国工业机器人技术应用技能大赛	2017	机电工程学院	国家级	一等奖	朱亮	羊荣金
4	全国大学生数学建模竞赛	2014	公共教学部	国家级	二等奖	叶伊丽 谢清 李媛媛	葛建国
5	全国职业院校技能大赛高职组"三维建模数字化设计与制造"	2014	机电工程学院	国家级	二等奖	田宇涛 林恺	程文 罗晓晔
6	全国职业院校技能大赛高职组"亚龙杯"现代电气控制系统安装与调试竞赛	2015	信息工程学院	国家级	二等奖	张元龙 蒋启弘	郑利敏 杨悦梅
7	全国大学生电子设计竞赛	2015	信息工程学院	国家级	二等奖	沈帅帅 陈康 吴曹婷	龚大墉 袁炼红

续表

序号	竞赛名称	年度	学院	竞赛级别	获奖等级	获奖学生	指导老师
8	全国职业院校技能大赛"嵌入式技术与应用开发(嵌入式产品应用开发)"赛项	2016	信息工程学院	国家级	二等奖	沈帅帅 唐张金	庞家成 王德成
9	全国职业院校技能大赛高职组"三维建模数字化设计与制造"赛项	2016	机电工程学院	国家级	二等奖	陈铠狄 周栋栋	罗晓晔 程文
10	第七届全国大学生机械创新设计大赛	2016	机电工程学院	国家级	二等奖	李豪 肖宏 潘利杰 卢望望 余志翔	张学良 彭宽栋
11	第七届全国大学生机械创新设计大赛	2016	机电工程学院	国家级	二等奖	严培军 李阳 金振威 吴绍辉 赵建波	谭小红 庄敏
12	全国职院校技能大赛高职组"模具数字化设计与制造工艺"赛项	2017	机电工程学院	国家级	二等奖	宋怀玉 余洛奇 章毕挺	程文 罗晓晔
13	全国大学生电子设计竞赛浙江赛区(TI杯)	2017	机电工程学院	国家级	二等奖	项长幸 闫松博 张佳妮	何剑敏 沈孟锋
14	全国大学生电子设计竞赛(TI杯)	2017	机电工程学院	国家级	二等奖	吴贵足 蔡芳展 卢怡妙	何俊 张忠伟
15	全国职业院校测绘技能大赛	2016	城市建设学院	国家级	三等奖	解善鎛 季雪冬 林冬冬 陆银欢	李兴东 孙伟清
16	中国技能大赛第二届全国工业机器人技术应用技能大赛	2017	机电工程学院	国家级	三等奖	俞慧捷	羊荣金
17	全国大学生数学建模竞赛	2014	公共教学部	省级	一等奖	张文杰 胡曹飞 斯春凯	胡桐春
18	浙江省高职技能大赛工程造价比赛	2014	城市建设学院	省级	一等奖	徐峰	洪军明 钱洁蕾 牛建奎
19	浙江省高职院校"中望杯"建筑工程识图技能竞赛	2015	城市建设学院	省级	一等奖	施玲玲	吕文晓 董贵平 沈先荣

序号	竞赛名称	年度	学院	竞赛级别	获奖等级	获奖学生	指导老师
20	浙江省高职院校"中望杯"建筑工程识图技能竞赛	2015	城市建设学院	省级	一等奖	施玲玲 周立敏 斯春凯 刘祺倩 华佳伟 吴祺超	吕文晓 董贵平 沈先荣
21	浙江省高职高专院校技能大赛暨全国职业院校技能大赛"注塑模具 CADCAE 与主要零件加工"竞赛	2015	机电工程学院	省级	一等奖	韩喆 金鹏飞 吴恩宇	罗晓晔 程文
22	浙江省高职高专院校导游服务技能大赛暨全国职业院校大赛选拔赛	2015	旅游学院	省级	一等奖	黄伊凡	王雁君
23	浙江省"原助杯"第十届大学生电子商务竞赛	2015	工商学院	省级	一等奖	高增 邓嘉宝 李赟	李悦
24	浙江省第十三届"北京精雕杯"大学生机械设计竞赛暨第七届全国大学生机械创新设计大赛选拔赛	2016	机电工程学院	省级	一等奖	曹周杰 李世城 虞杰 王志翔 凌旭东	彭宽栋 张学良
25	浙江省高职高专院校职业技能大赛会展管理竞赛	2016	旅游学院	省级	一等奖	郭梅 陈丹丹 励松延 张苏豫 叶蓓	谌远知 黎菲
26	浙江省高职院校技能大赛"模具数字化设计与制造工艺"赛项	2017	机电工程学院	省级	一等奖	林鲁芸 徐俊 余洛奇	罗晓晔 程文
27	浙江省第十四届"恒丰泰杯"大学生机械设计竞赛	2017	机电工程学院	省级	一等奖	吴绍晖 竹健 江鑫浩 朱思聪 宋子杰	黄岗 冯雪丽
28	浙江省工业机器人技术应用技能大赛暨第二届全国工业机器人技术应用技能大赛选拔赛	2017	机电工程学院	省级	一等奖	朱亮	羊荣金

序号	竞赛名称	年度	学院	竞赛级别	获奖等级	获奖学生	指导老师
29	浙江省工业机器人技术应用技能大赛暨第二届全国工业机器人技术应用技能大赛选拔赛	2017	机电工程学院	省级	一等奖	俞慧捷	羊荣金
30	浙江省高职高专院校技能大赛"会展管理"竞赛	2017	旅游学院	省级	一等奖	叶增姝 涂国栋 叶蓓 蓝徐斌	黎菲 郑秀娟

2. "以赛促教"推动专业建设

在浓厚的技能大赛氛围的熏陶下,在校级专业技能训练队的榜样作用下,更多的学生积极参与技能学习,形成"学技能、比技能"的良好氛围。在提升了教师和学生技能的同时,也推动了教学改革和专业建设的深入开展。

教师不仅将从技能大赛中获得的新技术和案例应用到教学中,改变传统的教学模式,提高课堂教学质量,提高全体同学的技能水平,而且通过技能大赛这个沟通切磋的平台,不断地向省内优质高校乃至全国示范高校学习,对专业人才培养方案进行改革,形成大赛——教改——专业建设的良性循环,全面提升专业内涵建设。

(撰稿:汪洁华、陆亚文)

技能名师育人才

"健全之职业教师,自必以经验、学术、教法皆为标准。"——陶行知

"在大学期间,最让我难忘的是在名师工作室学习工作的那段时光。现在想起来,当时在工作室所学所做的,都为我今天的工作打下了良好的基础。特别是,当我们在工作中遇到疑惑或者困难时,我们的指导老师余云建总会及时出现,给予我们悉心指导。为了让我们成长得更快,余老师不仅给了我们很大的发挥空间,激发了我们的创造力、执行力,又在关键时刻给我们的工作把关……"这是杭科院旅游学院旅行社经营管理专业2014级毕业生符胜杭在回忆大学生活时所讲的话。目前他就职于桂林市南北假日国际旅游有限公司责任公司,是一位片区销售经理,销售业绩做得非常不错。符胜杭所说的名师工作室就是旅游学院的金牌导游工作室,他们口中的余云建老师就是该工作室的负责人。

余云建,来自淳安农村,他曾三次参加高考都未被录取,但他从事导游工作十余年却是杭州导游界的标杆。2002年6月,余云建以优异的成绩毕业于杭州广播电视大学继续教育学院旅游管理专业,并应聘于杭州华夏旅行社有限公司,成了一名导游。初为导游的他,给自己立下了职业目标,一定要做一个优秀的人,争取早日把初级导游证换成高级导游证,把大专文凭换成本科文凭,在导游界要有一定的影响力。在从事导游工作的十几年里,余云建用广博的知识涉猎、过硬的语言能力、亲切动人的讲解、助人为乐的精神,接待和服务来自五湖四海的游客数万名,得到的游客表扬不计其数。从2006年开始,余云建积极参加各类省、市导游大赛及导游评选,凭借着不俗的实力先后获得"杭州市十佳青年导游员""浙江省优秀导游员""杭州市金牌导游员""杭州市十佳文明服务之星"

"杭州市杰出青年岗位能手""杭州市技术能手""全国优秀导游员"等20多个奖项。2013年学校向他伸出了橄榄枝,"柔性引进"他作为兼职教师来校上课,让旅游专业的学生分享他的工作经验。余云建也实现了自己的职场转变,"好导游"之外又多了一个"好老师"的头衔。2015年6月由杭州市教育局、杭州市财政局、杭州市人力社保局联合授予的"杭州市技能名师工作室——余云建金牌导游工作室"在学校旅游综合实训基地正式成立,为学校旅游教师专业发展和旅游学生培养提供了新平台,推动了学校校企合作工作的进一步开展。

图6-8　金牌导游余云建老师　　图6-9　余云建金牌导游工作室揭牌

一、背景与理念

自2014年以来,学校认真贯彻国务院《关于加快发展现代职业教育的决定》文件精神和全国职业教育会议精神,将产教融合、校企合作作为学校内涵建设发展的突破口,紧紧抓住《杭州市属高校产学对接工作实施意见》(杭政函〔2014〕56号)文件出台的契机,大力推进产学对接工作。学校成立了促进产学对接工作领导小组,建立了产学对接二级管理责任制,制定了《杭州科技职业技术学院产学对接工作三年规划2014—2016)》,在《杭州市属高校产学对接七项工程实施办法》的具体指导下,积极开展产学对接"技能名师工作室"建设工程。

学校坚持"以推进素质教育为主题,以提高人才培养质量为核心,以创新人才培养机制为重点,以完善条件和政策保障为支持",在陶行知先生"个人为社会而生,社会为个人而立"和"教学做合一"等思想理念指引下,推进"技能名师工作室"的建设,推动高职育人模式改革。

1. 加快人才引进

鼓励并支持引入一批技术水平高,有专业特长,并具有优秀的职业道德、较强的创新精神和良好的组织协调能力和团队合作能力,治学严谨的技术能手、能工巧匠,建立起一支有丰富实践经验的专兼结合的教师队伍,充分发挥他们在技艺传授、技术创新、技能交流及绝技绝活代际传承等方面的积极作用。

2. 创新运行机制

探索建立校外专家领衔、校内教师参与的技能名师工作室运行管理机制。

3. 优化人才培养

使技能名师工作室成为学校探索人才培养的有效载体和抓手,开展技艺传授、实训指导及绝技绝活代际传承等名师带徒工作,努力培养一批具备创新精神和实践能力的技术技能人才。以技能名师工作室为载体,集聚优秀技术人才,开展集体技术攻关的创新;面向企业需求,推动技术交流与更新,服务企业需要。以技能名师工作室领衔专家为纽带,深化校企合作,带动更多企业资源参与技术技能人才培养。

二、主要做法与特色

学校产学对接七项工程确立首批建设的"技能名师工作室"有余云建金牌导游工作室、冯冬芹工业物联网创新工作室、周曙红 ERP 工作室和程文汽车模具产品工作室。这些"技能名师工作室"利用工作室的载体优势,积极开展工作,有力地推进了教学工作,其主要做法有:

1. 加快师资的培养与引进

余云建金牌导游工作室利用金牌导游在杭州旅游圈内的一定影响力,邀请多位杭州市金牌导游来校为学生授课,也多次邀请旅游企业老总来校为学生做相关行业的知识讲座,丰富了我校的旅游兼职教师资源库。冯冬芹工业物联网创新工作室充分发挥杭州市行业协会专家委员会的指导作用,并依托国自机器人有限公司、杭州维彬科技有限公司等多家企业强大的技术力量,培养团队中青年教师科技骨干,柔性引进企业高技能人才。周曙红 ERP 工作室与新道公司共同开发 ERP 运行环境下的预算管理、管理会计等课程和模块,团队成员朝教学名师的方向努力。程文汽车模具产品工作室三年来不断完善工作室专家人才库,并邀请了4位汽车模具方面的专家共8次进驻工作室指导工作开展,并进行了技术上的提升和技能的传授。另外学校还聘请了十大"富阳工匠"为我校"行知技能大师"。

2. 创新工作室运行机制

余云建金牌导游工作室将工作室与旅游企业、学生社团结合起来,达到在开展旅游业务学习的同时指导学生创业的目的。冯冬芹工业物联网创新工作室建立定期研讨制度和讲座制度,每周举行1次由2—3名教师轮流主持的科研工作讨论,每月邀请校内外专家举行1次学术讲座,使得工作室内教师人人有研究方向,人人有专业特长。程文汽车模具产品工作室依托学校的硬件平台,积极开展产品开发,多次协助企业完成模具技术的升级改造工作,有效地锻炼了工作室成员的实践能力,尤其是学生们在2D绘图国家标准的应用、3D结构设计工艺性方面的能力得到了极大的提升。同时引入企业的管理文化,让同学们能充分感受到安全第一、质量第一的企业工作氛围。

3. 优化人才培养模式

余云建金牌导游工作室结合旅游专业学生的实际工作需要,对他们进行导游讲解指导。对特别优秀的学生进行专业集训,带领他们参加省大学生导游服务技能大赛,通过大赛促成绩、长技能。

　　冯冬芹工业物联网创新工作室根据《中国制造2025》行动纲领指引,围绕浙江省及杭州市产业结构调整和转型升级要求,确立以工业物联网技术推广应用为专业群未来发展的主线,探索研究省级教改项目《"浙江智造"背景下自动化类专业人才培养模式探索与实践》。开展学生"专项能力训练项目"实训,将职业道德教育和素质教育贯穿到整个人才培养全过程,努力形成企校共育、分段实施的校企合作育人机制。另外借助杭州维彬科技有限公司的技术优势,校企双方共同培育3D打印社团,探索现代学徒制的可行性。

　　周曙红ERP工作室与新道公司合作,针对培养复合型人才的目标,为解决学生会计信息化能力培养问题,改造预算管理、管理会计等课程体系,在已有课程的基础上突出信息化,增加ERP供应链、财务软件维护、网络安全和VBSE模拟商业社会等课程,工作室成员们承担了大部分课程的教学任务。三位校内后备名师对各自的学生进行指导,企业名师周曙红定期跟老师和学生交流,带来企业中的实际工作案例,组织开展小组讨论、小组PK等活动,重点突出学生职业能力培养,教学做合一,进一步缩短学生与就业市场距离,使学生贴近职业岗位和职场,提高学生就业竞争力和职业工作能力。工作室利用ERP、VBSE等软件进行信息化教学,线上线下对学生进行指导,定期交流。

　　程文汽车模具产品工作室对学生的学习状态进行信息收集,对企业岗位工作需求进行分析,从学校现有的条件出发,以企业的岗位需求为培养目标,从人员素质要求到技术技能的熟练掌握提出专业人才培养方案的修订,并积极指导学生参加全国、省模具设计与制造大赛。

图6-10 程文汽车模具产品工作室教师与2016年
模具大赛集训队学生合影

4. 开展技术交流与服务

余云建金牌导游工作室技能名师积极参与社会服务,为杭州一线导游送经验、担任各类导游大赛评委等,指导导游及讲解员的技能提升,如湖州导游年审培训、杭州景点讲解员业务培训及杭州西溪国家湿地公园的导游讲解的培训与指导等。冯冬芹工业物联网创新工作室团队多名成员参加由杭州市经信委主办、杭州市自动化协会协办的"2016中国(杭州)智能制造与数字化工厂论坛",参加杭州市机器人协会举办的2016中国(杭州)第二届机器人西湖论坛,中国(杭州)国际机器人及智能工厂展览会。在技能名师的指导下,工作室团队参与制定国家标准四项,并积极开展企业项目的研发及技术推广。程文汽车模具产品工作室为富阳当地企业完成多套注塑模具的设计改造工作。与浙江金固股份有限公司签订企业顾问协议,协助企业进行模具结构改造和加工中心后备人才的培养工作。

图 6-11　冯冬芹工业物联网创新工作室团队成员
在进行技术研讨与交流

三、工作成效

1. 学生参加各类技能竞赛活动,取得了优异成绩

余云建金牌导游工作室,近三年指导学生队参加浙江省高职高专导游服务技能大赛,共获得英文组一等奖 1 名,二等奖 3 名,三等奖 2 名;中文组二等奖 5 名,三等奖 6 名。冯冬芹工业物联网创新工作室指导学生参加"现代电气控制系统安装与调试"技能大赛,获得全国二等奖 1 项、省级二等奖 1 项,指导学生参加全国电子设计竞赛,获得全国二等奖 1 项、省级一等奖 1 项、二等奖 1 项、三等奖 4 项,指导学生社团活动,申报杭州市大学生科技创新项目 1 项,省级新苗计划立项 1 项。周曙红 ERP 工作室指导学生参加大赛,获得"浙江省会计技能大赛"团体二等奖,单项二等奖、三等奖,获得"浙江省沙盘信息化大赛"三等奖。程文汽车模具产品工作室积极指导学生参加全国、省模具设计与制造大赛,三年来获全国竞赛一等奖 3 次、二等奖 5 次,获全省竞赛一等奖 2 次、二等奖 1 次、三等奖 3 次。

2. 技能名师工作室促进了教师的成长

冯冬芹工业物联网依托国自机器人有限公司、杭州维彬科技有限公司等多家企业强大的技术力量,培养 3 名中青年教师科技骨干。三年来团队教师获授权发明专利 1 项、实用新型专利 20 项、外观设计专利 2 项,参与创业园区企业合作研发新产品 2 项。周曙红 ERP 工作室三位校内后备名师提高很快,团队成员获得校级"教师技能大赛信息化教学比赛"三等奖,送团队成员赴澳大利亚进行为期 3 个月的访学,了解澳洲职业院校信息化建设情况。程文汽车模具产品工作室三年来不断完善工作室专家人才库,为促进团队成员成长邀请了汽车模具方面的专家指导工作室开展工作。

3. 技能名师工作室深化了校企合作

余云建金牌导游工作室促成了中国国旅(浙江)国际旅行社有限公司与我校签订合作协议等,为教师教学与实践及旅游专业学生的实习与就业提供平台。冯冬芹工业物联网创新工作室先后同浙江雅虎汽车部件有限公司、杭州智途电力科技有限公司签订横向课题三项,项目总经费27 万元,并深化与工作室成员企业中控集团与智途电力的进一步合作,引进企业兼职教师、共同开展学生顶岗实习、企业参观见习等活动。周曙红 ERP 工作室成员以"管理会计信息化"作为案例研究方向,与新道公司达成了合作意向,由新道公司负责联系客户公司,安排工作室老师参与客户公司信息化系统改造建设项目。程文汽车模具产品工作室为富阳当地企业完成多套注塑模具的设计改造工作,与浙江金固股份有限公司签订企业顾问协议,协助企业进行模具结构改造。

(撰稿:方卫华、余云建)

兴味足以乐业

"选择职业科目之标准,不在适与不适,而在于最适和非最适。所谓最适者有二:一曰才能;二曰兴味。"——陶行知

庄说林,杭州科技职业技术学院信息工程学院计算机应用技术专业(网站开发方向)2017届应届毕业生,毕业当天回忆起大学三年生活时光说:"马上就要离开校园了,突然非常舍不得,舍不得后山美丽的百花园,舍不得我最爱的兴趣社团——蜗壳社团,舍不得一起求学的同学和曾经给我授业解惑的老师们……"

她是一位从温州苍南来到杭州求学的小姑娘,上天没有眷顾她,让她在不懂事的时候患上了小儿麻痹症。庄说林说,刚入校的那段时间非常迷茫,不知道自己想要干什么、适合干什么、能干什么。先去接触电商,却输在了自己拙笨的嘴巴上。后来加入柠檬和爱网专业社团,接触了数字媒体和移动互联的相关知识,却还是不喜欢。大一第一个学期都快结束了,她还在为能从事什么工作而担忧,为自己的未来着急,"那时候我甚至连门都不想出,碰到熟悉的同学经常绕着走,我还好几次跑到辅导员穆哥的办公室去咨询退学的流程……"

2015年3月底,信息工程学院组织计算机大类家长开放日那天,庄说林找到了自己的兴趣点。"那天我作为学生代表参加了大类开放日活动,参观完学院网站开发专业社团——蜗壳社团后,我被学长们优秀的网站作品和社团氛围所吸引,尤其是社团的指导老师吴龙的幽默,那一刻我萌发了加入蜗壳学习网站制作的想法。"那次活动后,小庄像是变了一个人,每天早起晚归,泡在社团里跟着学长们做网页,还代表学院拿了奖。"说实在的,刚接触代码时不太习惯,但是当你把自己的想法一点点转化

成代码,呈现在网站上时,我真的不知道如何表达那种幸福和愉悦感",庄说林激动得说话都有些结结巴巴。

毕业后庄说林在老家一家网站设计公司工作,薪酬虽然不是非常高,但是她很知足。"作为一个行动不便的小儿麻痹症患者,我一直希望自己能拥有一份喜欢的职业,养活自己,养活一个家",庄说林说,"刚入大学的时候,我真的没想到我会像今天一样,找到自己感兴趣的职业,自立自强。我很感谢学校,让我在接触了那么多专业方向后还有二次选择专业的机会,在大学阶段找到自己最适合最感兴趣的事。"

庄说林寻找自身兴趣、挖掘自身潜能,不断辗转的择业之路,在杭科院的计算机大类招生中并非孤例。有很多像庄说林这样的学生,得益于"大类招生,分流培养"教学改革,能从容地发现、培养自己的专业兴趣,找到自己希望的、擅长的职业。侯良良,原2014级计算机应用技术专业(数字媒体方向)学生,现就职于时光坐标科技有限公司,年薪10万元,工作才几个月就成了部门的主管。他说:"选择影视后期制作这样的职业,主要得益于专业分流前学院所做的方向引导,各专业方向讲座和各类企业参观让我有了进一步了解计算机未来所从事行业的可能性。"其实最初侯良良想选报的是电子商务专业,但是在学院分流前专业方向引导时的一次企业参观中,侯良良一下子被一部影视制作作品所吸引,"像一见钟情式的豁然开朗",侯良良笑着说,"感谢学校大类招生、分流培养的政策,给我们学生提供了足够的试错机会,让我没有错过自己真正喜爱的后期影视制作"。

有不少同学和庄说林、侯良良一样,进入大学的时候对自己的专业只有模棱两可的认识,觉得干这个也可以,做那个也行。侯良良透露说:"刚开始听到大类分流时,我们很不理解,大一玩得挺好的兄弟们,大二说散就散了,所以很多同学都是反对的。但等后来培养了自己的兴趣,选到自己心仪的专业后,我们越来越感受到了学校的良苦用心。"

一、背景与理念

从兴味培养学生生利。计算机类专业"大类招生，分流培养"是杭州科技职业技术学院打造的一项教学改革活动。活动秉承陶行知先生"生利主义职业教育""学生有最适之生利才能兴味""职业试习科"等现代职业教育理念，坚持以生为本，以"生利"为目标，以"兴味"为引导，通过开设专业方向引导课、专业社团活动、企业参观见习等形式，力争有效整合师资和教学资源，真正使学生把专业学习跟社会需求和自身兴趣有机结合，达到培养生利之人的目的。

"大类招生，分流培养"教学改革不仅是学校探索陶行知职业试习科的典型实践，而且还是培养学生专业兴趣，让学生安心乐学的有效途径，其理念定位主要包括以下方面：

1. 减少学生专业选择的盲目性，更加符合学生意向

欲求学业者归业，必先有精选职业之方法，方法维何？曰：职业试习科也。陶行知认为"职业试习科是学生在进入职业学校开始正式科目学习之前，为确定自己的真正职业才能和兴趣而进行的试验性学习"的一种形式。学以致用，才能生利，生利需要学生有对专业的兴趣，有兴趣才能对职业兴味。学生在填报志愿时往往对专业的认识是模糊的，在"大类招生，分类培养"的改革实践中，探索"职业试习科"的培养模式，旨在试习科过程中让学生了解专业，培养专业兴趣，让学生安心乐学，开展"大类招生，分流培养"教学改革既符合陶行知现代教育理念，又符合学生职业选择的意向。

2. 整合学校资源，提高办学效率

如何使职业教育更好地生利，陶行知很早前就从生利主义的师资、设备、课程、学生等方面进行过精辟的论述，"学生择事不慎，则在校之时，学不能专；出校之后，行非所学。其弊也：学农者不归农，学商者不归商。吾国实业教育之所以鲜成效，固由于师资、设备、课程之不宜于生利。"按

"大类招生,分类培养",不仅克服了由于专业设置过细造成的分散局面,而且可以更好发挥院系在教学过程中的指挥和统筹作用,有利于师资、设备等各项教学资源的合理和有效配置,提高学校的办学效益。

3. 结合学生兴趣,培养社会需求的人才

"大凡选择职业科目之标准,不在适与不适,而在于最适和非最适。所谓最适者有二:一曰才能;二曰兴味。吾人对于一业,才能、兴味皆最高,则此业为最适;因其最适而选之,则才能足以成事。兴味足以乐业,将见学当其性,用当其学,群与我皆食无穷之益矣。"按大类招生,不仅可以激发学生的潜能,培养专业的学习兴趣,而且可以有效避免学生由于过早进入专业学习而导致的知识面狭窄、基础素质欠缺的弊端,有利于培养社会需要的创新型人才。

二、主要做法与特色

2013 年,早在项目实施的前一年,学校就开始通过实地考察、网络查阅资料和电话访谈等形式对大类招生进行详细调研。2014 年学校正式开始进行"大类招生,分流培养"教学改革模式,首批招生 298 名学生。其主要做法如下:

1. 整合资源,构建"平台 + 模块"的专业群课程体系

为了培养计算机大类学生职业基础能力、岗位核心能力和引导学生对专业方向课程的深入学习,如图 6 – 12 所示,学校构建了新的平台 + 模块专业群课程体系,包括两个平台(文化素养培养平台和专业群平台)和专业方向模块课程。专业群平台课程分两个层次,一是程序设计基础能力、IT 技术支持能力等五门职业基础课,二是针对每个专业方向而开设的四门方向引导课,让学生体验每个专业方向的核心工作流程,每个专业方向模块课程,包括专业方向核心能力课程、专业方向综合实训课程以及毕业综合实践。

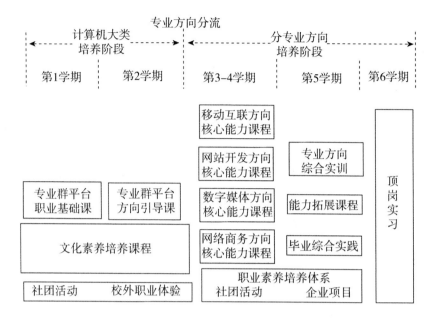

图 6－12　计算机专业群分阶段培养模式"平台＋模块"的课程体系

2. 建立机制,构建基于学生自主选择的分流模式

为了保障分流工作的顺畅,学校制定了详细的《大类分流工作方案和实施细则》,以学生志愿优先原则,志愿人数多于计划人数的,根据综合成绩从高到低依次录取,直至选满为止;此外,学校还建立了《大类分流家校联动机制》,约谈家长和教师,让学生家长走进校园参加课堂体验、实地参观,共同参与学生的选择和教育;最后,为充分体现以生为本的思想,学校制定了《专业社团活动考核和第二课堂学分认定办法》,初步形成在大类培养阶段学生学习的竞争激励机制,同时注重素质教育,拓宽职业基础。

图6-13 大类家长开放日何树贵副校长讲话

图6-14 家长开放日活动现场

3. 适度竞争,优化专业群的专业方向结构

根据复合型人才培养思路,契合产业发展需求开设了四个专业方向,并进行动态调整,每个专业方向的分流计划在对学生摸底调查后确定,无人选择的专业方向当年停开,而最终选择人数超过预期分流计划的专业按照"志愿+考核"原则选拔,从而适度引入竞争,促使各专业方向提升内涵,团队选派优秀教师开好方向引导课、指导好专业社团开展职业体验活动、组织好合作企业的见习活动以吸引更多的学生。

4. 启发兴趣,开设有特色的方向引导课

为激发学生兴趣、引导学生对后续专业方向模块课程的深入学习,每个专业方向在第二学期开设一门操作性强、基于工作过程系统化思想设计的导引课程,"给学生打开一扇通向各专业方向的窗户",让学生体验每个专业方向的核心工作流程,获得各专业方向的岗位初体验,如数字媒体方向的《Maya 3D 制作基础》,网站开发方向的《网站前端技术基础》等。虽然学生最终只选择一个专业方向,但其他的方向引导课也为学生的能力拓展和今后的岗位迁移打下了基础。

5. 内外结合,提供学生职业体验的机会

把第二课堂学分列入人才培养方案,让学生选择性参加专业社团培养兴趣,出发点是让学生初步感受专业和职业的乐趣。学生可任意选择加入一个或多个专业社团。同时有针对性地安排学生参加各个专业方向职业体验活动,如在银湖科技城浙大网新集团体验移动互联技术,在东方电子商务园区体验网络商务的客服与运营等。

图 6-15　在时光坐标进行职业体验　　图 6-16　参观淘宝网科技有限公司

三、工作成效

计算机大类招生于 2014 年 9 月开始实施以来,学校已经连续招生四个年级 1000 多名学生,已经过三届 889 名学生的实践。2014 级大类学生分流第一志愿满足率 88.89%,2015 级第一志愿满足率 94.50%,此项改革已初显成效。

1. 专业群招生就业进出两旺,学生培养成效显著

从招生数据看,改革前 2013 年计算机三个专业第一志愿报考率平均值为文科 53.26%,理科 78.36%;自 2014 年 9 月实施大类招生改革后,计算机大类的考生第一志愿报考率逐年提升明显,文科从 2014 年 24.3%、2015 年 48.6% 增长到 2016 年 66.2%,理科从 2014 年 85.3%、2015 年 132.9% 增长到 2017 年 175.4%。

从就业数据看,学生就业质量逐年提高,2016 届毕业生就业质量报告数据显示,计算机信息管理就业率 100%,名列全校第一,计算机网络技术就业率 96.8%,计算机应用技术就业率 93.1%;各专业毕业生的工资水平全部高于全省同专业平均值,计算机应用技术 3989.58 元(省平均值 3689.61 元)、计算机信息管理 3939.39 元(省平均值 3706.43 元)、计算机网络技术 4020.83 元(省平均值 3900.76 元);各专业学生的职业发展信心指数,计算机信息管理 0.842,名列全校第一,计算机应用技术 0.775,计算机网络技术 0.760。此外,计算机信息管理、计算机应用技术两个专业毕业生创业率高于全省同专业平均水平。

从培养质量看,大类招生、分段培养模式,大大激发了学生的学习热情,也拓宽了学生的职业基础知识,提高了创新能力。改革前的 2011—2013 年计算机类学生获得竞赛奖励数分别是国家级 1 项、省级 14 项,改革后的 2014—2016 年计算机类学生总计获得全国性学科技能竞赛奖项 5 项(一等奖 1 项、二等奖 2 项),省级奖项 30 项(一等奖 3 项、二等奖 15 项),获奖数目和获奖级别提升显著。

2. 优化了计算机类专业结构

学校通过改革试点,2014 年开始在传统的计算机应用技术和计算机网络技术专业方向增设网站开发方向和移动互联方向,大类分流时得到

了学生的追捧,并在就业市场中显示出强劲的竞争力。2016 年新增"电子商务技术""物联网应用技术"2 个新专业,2017 年停招计算机信息管理和计算机网络技术专业,目前计算机专业群的专业结构更加符合社会需求。

3. 推广应用和社会评价良好

学校获批省教育厅教改项目 7 项、校级重点教改课题 1 项,并获得全国多媒体课件大赛(微课组)一等奖 1 项、二等奖 1 项,省级微课教学比赛一等奖 1 项、二等奖 2 项;发表与本成果密切相关的教改论文 10 篇(核心 3 篇);曾经在全省计算机教指委会议上做专题交流,得到一致好评,并接待省内的浙江农林大学、浙江工商职业技术学院、嘉兴南洋职业技术学院等 6 所学校到校学习交流,对成果均给予了很高评价。每年的大类分流家长开放日活动都有 50 多名家长到校,对本项改革给予高度赞扬。《杭州日报》《富阳日报》等多家媒体报道了改革内容。

(撰稿:杨悦梅、穆元彬)

跟着市场办专业

教育更须与"伟大势力"携手。——陶行知

毕业才一年,这已是市政工程技术专业 1002 班的杨煌伟经历的第三个重磅项目。大二暑假时,杨煌伟跟着企业师傅参加了杭州德胜快速高架延伸段的修建;2013 年学校与浙江腾达建设集团有限公司签约合作后,杨煌伟被派到武林广场地下商城项目当安全员;2014 年新春,杨煌伟满心欢喜地迎来一份"不见天日"的新差事,成为杭州地铁 2 号线 SG2 - 15A 段的质检员,路段在杭州高级中学对面。每天清晨,当学生们在阳光下做早操的时候,地平线下方,比他们大不了几岁的杨煌伟头戴黄色安全帽,正仔细地检查着每一处钢筋笼的位置是否准确、尺寸是否符合规范。当杭高这一站的地连墙施工已近尾声时,杨煌伟说,他绝不会让这段出自他手、总长 272 米的地铁车站出现哪怕一丝一毫的安全隐患。从参与施工到成为施工员、安全员、质检员,再到二级建造师,杨煌伟的成长路径其实是学校市政工程技术专业建设产教融合实现人才培养目标的现实写照。

市政工程技术专业是学校的"老牌专业",近 30 多年的办学历程留给学校很大一笔财富,就是广泛的校友资源。2011 年,学校创新校企合作体制,根据产品固定、作业流动等特点,组织行业里有影响力的校友,以校友所在单位为依托,在全省布点,搭建起市政工程技术专业校外"专业工作站"平台,更加紧密地与一线协作。

市政工程技术 1202 班学生江波和洪骏涛的大一暑假实习,就是杭州下沙专业工作站介绍解决的。2013 年 8 月,两个小伙子每天 6 点起床,跟着师傅到临平星桥大道北延伸段识岗,"每个星期,学校老师会来工地看我们,周五还要返回工作站里开会,大家坐在一起,分享那个礼拜的收获。"江波皮肤黝黑,一轮识岗结束后,他爱上了测量。次年暑假实训,江波依然选择了测量岗位,而提供岗位信息的仍然是校外专业工作站。工作站整合了温州和下沙共22家市政企业的用工信息,什么时间哪家企业要启动什么工程,工作站会第一时间反馈给学校。每年6月中下旬,学校会将这些岗位信息整合、制作成表格,发给学生自由选择。

市政工程技术专业校外工作站的功能还不仅仅是资讯式的,通过工作站,学校邀请到22家企业的高级工程师组成了教学指导委员会,并从中挑选兼职教师。依靠校友工作站,学校进一步推进了校企合作办学、合作育人、合作就业和合作发展。

一、背景与理念

"杭州启动'五水共治'三年行动计划""杭州地铁4号线施工现场发生路面塌陷""秋石高架三期预计今年底建成主线并通车"……一则则市政新闻,牵动着杭州市民的神经,当他们在因之期待、悲愤和欣喜的时候,还有一群人总是在思考着:如何为推进这些市政工程培养对口毕业生。这群思考者是杭科院市政工程技术专业的历任教师,这样的思考始于改革开放的纪元期——1979年。是年,市政工程专业正式创办;2009年开始高职办学,招收普高毕业生;2010年先后获评省级特色专业、省高职教育示范性实训基地和中央财政支持实训基地;2012年成为省级优势专业;2016年列入全国行指委骨干建设专业……近几年的殊荣与呈几何级增长的城市化进程密不可分,可以说,一部杭州的城市扩建史,就是学校市政工程专业的发展历程史,学校正是迎合市场需求形成了市政工程道路桥梁工程和轨道交通工程的两个专业方向。

1. 融入市政工程新产业

陶行知先生提出的生利主义职业教育就是要培养生利人物,培养生利人物需要适应产业发展的需要。教育与产业和社会发展有着千丝万缕的联系,产教融合是高等职业教育发展的基本原则。陶行知说过:"教育要与农工商金融等百业携手"。① 足以证明教育与产业融合的必要性。同时也指出"教育更须与别的伟大势力携手"。② 陶行知把产业称为"伟大势力",教育与产业携手,就是要发挥教育培养人的强大功能,培养产业发展需要的人。21 世纪是"地下空间"开发的世纪,随着城市地铁、隧道及地下综合管廊等地下空间开发规模的不断扩大,市政产业的重心也逐步从"地上"转为"地下",由原来的"传统市政"向"多元化的大市政"过渡,地下工程也在逐步形成新的产业。但是地下施工技术技能人才培养数量不足的现象严重制约着新产业的发展,融入产业、改革创新,这也是专业跟着市场走的核心所在。

2. 构建专业建设新体系

如何适应产业发展开展专业建设,这就为高职院校的传统市政行业人才培养带来了很多的思考,经过多方调研论证,学校认为新一轮的市政工程专业建设需要从目标定位、课程改革、基地建设、实践教学、校企合作等方方面面构建专业的新体系。了解产业发展和人才需求,调研地下工程职业岗位技术技能的标准,改革人才培养模式,调整教学内容,搭建实践平台,与企业共同开发人才培养方案,明确市政工程技术专业在大市政前提下培养路、桥、管、隧技术技能人才的新要求,以此推进专业建设,探索培养地下施工技术技能人才的新路径。

3. 构建人才培养新模式

2009 年,在开始高职办学之际,学校对市政专业以往的毕业生就业情况作了一次跟踪调查,发现毕业生进入工程设计岗位群工作的比较少,大多集中于施工技术与管理等岗位群。于是,该专业把学生毕业之初的就业主岗位定为"施工员、资料员、材料员、质检员和安全员"等五大员,三五年后,向"二级、一级建造师"晋级,这种岗位定位体现了高职人才培

---

① 储朝晖:《多维陶行知》,北京大学出版社 2016 年版,第 226 页。
② 方明:《陶行知全集》(第 2 卷),四川教育出版社 2005 年(2 版),第 276 页。

养的目标定位。围绕这一岗位定位,学校探索将学生的成长过程与岗位实践紧密结合在一起,构建人才培养新模式。

二、主要做法与特色

1. 推行"1124"人才培养模式

在陶行知教育与"伟大势力"携手思想的指导下,城建学院主动对接杭州市城乡建委、杭州萧宏建设集团等行业主管部门和企业,共同研讨和制订市政专业发展规划,实现市政专业发展定位与市政产业发展对接。人才培养定位着眼于"地上"和"地下"并行的大市政行业领域,集中优势,区别于省内其他学校同类专业,率先实施"地上""地下"双通道人才培养,以职业需求为导向,逐步形成了以培养岗位职业能力为主线,以大市政专业为建设平台,以传统市政和地下空间开发为主、副通道,将培养过程划分为起步期(识岗)、成长期(跟岗)、提升期(模岗)和成熟期(顶岗)四个阶段的"1124"人才培养模式(见图6-17),重构专业人才培养方案,解决了地下施工技术技能型人才培养不足的问题。

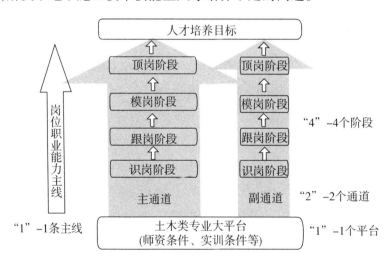

图6-17　"1124"人才培养模式

按照新的市政工程专业人才培养模式,第一至第四学期的校内项目化课程都是以简单的典型市政工程项目为载体来教授的,例如对管道、道路、桥梁和隧道课程等分别实施单项工程教学,这一切为第五学期的模岗打下基础。教学中学生每个人都手持一份真实项目的图纸,编测量方案、写专项施工方案,学生一下子觉得自己成了项目经理,从施工准备到竣工验收,整个过程把之前学过的内容贯穿了起来。可以说,"1124"人才培养模式颇有先淘汰赛、后晋级赛的况味。识岗是一块检测职业忠诚度的试金石,它会过滤掉一些学生,大一结束后学院允许他们转专业。等到了模岗阶段,学生会经历化零为整的过程,被真实的综合项目打通任督二脉,所有知识点都找到了归处。这种模式,既符合人的成长规律,也契合工程行业稳扎稳打的职业特点。

2. 推进系统教学内容改革

在"1124"人才培养模式的框架之下,构建了系统化的特色课程、实践教学及校企合作三大平台,为推进课程内容改革、教学实施、实践教学奠定基础。

重构特色课程平台。构建了两阶段工程项目贯穿的课程体系及系列化特色课程资源平台,实现专业课程系统化,教学内容与实际工程高度吻合,系统培养学生职业能力。通过构建两阶段工程项目贯穿的课程体系,以简单、复杂典型市政工程项目为载体分别贯穿第1、2阶段的校内项目课程学习,改变了传统课程体系课程之间的孤立、零散,课程内容与新产业结合不够紧密的状态。整个课程体系按照工作标准有机整合,通过实施课程项目化、教学小班化的模式,学生职业能力循序渐进不断提升(见图6-18)。

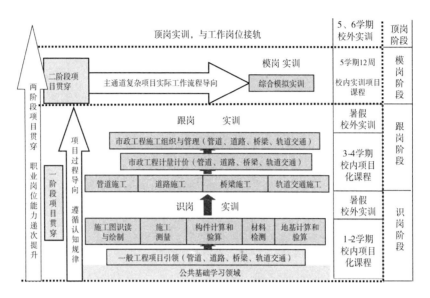

图6-18　"两阶段工程项目贯穿"课程体系

践行陶行知"教学做合一"的思想,结合工程项目贯穿体系构建了系列化的建筑信息模型技术(BIM)、地下管道工程、桥梁工程施工等特色课程平台,开发了10余门网络精品课程资源及虚拟智能化数字教学资源,出版了4部"互联网+项目化"教材,引入"互联网+地铁工地"远程视频教学平台,建虚拟智能化数字教学资源;基本建成了集网络课程库、职业道德素质教育库、职业资格培训库、行业标准库、技能考核试题库、施工图片库、视频动画库及仿真实训库等8个资源库为一体的市政工程技术专业资源库。构建了学生在线学习、教师教学实践与改革、企业员工在职培训、社会大众知识普及等功能为一体的综合平台。推进课堂教学的"教学做合一",学生实践能力及创新能力不断提升。

3. 推动实践教学平台构建

一是校企合作共建校内实训基地。充分发挥中央财政支持实训基地建设的优势,学校教师和企业工程师共同规划、设计、建设校内实训基地。按照专业要求,建成了市政工程构造与结构实训区、隧道工程实训区、桥梁工程实训区、工种综合实训场等6个实训专区,实训专区具备教学、培训、技能鉴定和技术服务等多项功能。隧道工程实训区引进盾构机及控制系统等模拟设备,成为浙江省首个市政专业基地。

二是与杭州萧宏等知名企业合作,共建"路桥管隧"大型生产性实训基地,为学生提供顶岗实习场地。创建了隧道工程和地铁车站实训基地,配备智能化技术实训资源,为学生提供新技术应用的实习。目前,校外实训基地数量达到38个,较好地解决了学生识岗、跟岗、模岗等问题。

三是以校内外实训基地为依托开发了理实一体化的教学项目100余项,推行了小班化、项目化教学;同时设计开发了三维互动的数字化仿真实训软件,引入"互联网+工地"的智能化远程视频教学平台辅助教学。实施"双导师制+小组培养"模式贯穿教学;依托智能化专业工作室开展地铁1号线西湖文化广场车站、地铁二号线钱江路站—庆春广场站区间、庆春广场站—庆菱路站区间、庆菱路站—建国路站区间及车站、新开河地下公共停车场等工程项目实践。

图6-19 "路桥管隧"实训基地

四是以校园"鲁班文化"品牌等为载体开展素质拓展和创新实践活动,推行课证融合、课赛融通、课创学分互换等实践教学改革,学生实践能力和创新能力不断提升。

4. 推进专业工作站建设

积极探索以校友为纽带,以大工程建设为平台,组建由各方人员共同参与的区域化、专门化的"专业工作站",探索校企合作新机制。陆续在全省设立5个"专业工作站",协调管理30多家校外实训基地,百余名学生在学校教师和企业教师的共同指导下进站实训,参与杭州地铁1号线、2号线等大工程项目的建设;8名教师进站锻炼,参与地下工程新技术研究。"专业工作站"模式解决了学生识岗、跟岗、顶岗等校外实践教学问题。同时邀请这22家企业的高级工程师组成教学指导委员会,并从中挑选兼职教师,实现了校企合作育人、合作就业、协同发展的目标。

三、工作成效

跟着市场办专业,毕业生就业竞争力显著增强,学生岗位实践能力和创新能力明显提升,社会认可度和企业满意度不断提高。促进了市政专业建设,教学条件、教学水平、教学质量不断提升,专业优势凸显,在全省乃至全国同类院校专业建设的辐射示范作用成效显著。

1. 毕业生对专业教学的满意度不断提高

市政工程技术专业招生人数逐年增加,录取分数全省排名第一,学生入学报到率持续保持在97%以上。据浙江省教学评估院《2014届毕业生职业发展状况及人才培养质量报告》显示市政工程技术毕业生就业率(97.58%)、升学率(6.51%)、实践教学效果满意度(80.57%)、专业课堂教学效果满意度(80.14%)、教师教学水平满意度(78.88%)、就业求职满意度(77.82%)及总体满意度(89.82%)均高于全省高职院校平均水平,学生良好的综合素质和实践能力,受到路桥管隧等建筑企业的普遍欢迎和好评。

2. 学生职业技能和创业能力明显提升

近年来,市政工程技术专业学生参加国家、省级技能竞赛获奖项60人次;市政1411班马东毅荣获浙江省职业生涯规划大赛创业实践组二等奖;毕业生创业人数7人,其中2012届市政毕业生周军创立绍兴市政设计院、2015届毕业生宋春楠创建春楠石材经营公司,创业累计产值达6500万元。

3. 专业建设成果引领和示范作用凸显

2014年《浙江教育报》等媒体报道市政工程技术专业人才培养的做法和经验,在全省产生了较大影响,成果逐步推广至全省,辐射全国。专业负责人多次在全国高职高专市政等专业教学指导委员会会议进行交流推广;先后接待了30余次校外考察团,成果被多所职业院校借鉴与应用;出版的多部教材被多所学校采用;《市政管道工程施工》等校本教材被杭州萧宏建设集团、浙江顺泰工程建设有限公司等企业及杭州建培中心作为培训员工教材,培训人数达10000人次;开发的施工虚拟仿真模拟软件累计销售额达60万元。

(撰稿:雷彩虹)

后　记

　　《德业兼修　知行合一——传承陶行知教育思想的高职人才培养典型案例(第一辑)》一书,是杭州科技职业技术学院多年来学陶师陶的实践成果,也是浙江省现代职业教育研究中心和杭州市高等职业教育(陶行知教育思想)社科基地支持的研究成果。

　　陶行知教育思想博大精深,他的教育思想对当今高等职业教育的发展有重要指导作用。杭州科技职业技术学院章程明确规定,学校传承和倡导陶行知文化,坚持以行知文化为引领,结合高等职业教育特点,建设特色鲜明的校园文化,为学生成长成才创造良好的文化氛围和人文环境。

　　在办学实践中,学校各职能部门与二级学院结合自身工作特点,创造性地运用和实践陶行知教育思想,形成了许多典型做法或经验。本书按陶行知教育思想的六个方面分类,每类各选取三至四个典型案例,作为学校师陶工作的代表性总结。限于篇幅,还有许多好的做法没有被收集进本书,在此表示歉意。另需说明的是,许多案例实际上是对陶行知多个方面教育思想的综合运用,由于本书编写体例的关系我们将其收录至最相关的章节中。

　　感谢案例收集过程中学校各职能部门与二级学院负责人及相关教职员工的大力支持,在成书过程中不厌其烦地对典型案例进行了多轮修改。

　　衷心感谢中国教育学会副会长、中国陶行知研究会常务副会长周洪宇教授,受聘担任我校陶研社科基地学术委员会主任,指导我校青年教师

196

开展陶行知教育思想研究,并在百忙之中为本书作了序。

感谢各级组织和兄弟院校多年来对我校传承陶行知教育思想开展高职育人实践工作的指导和支持!

本书出版得到了光明日报出版社的细心指导,在此一并致谢!

编者

2017 年 9 月